Kay Walter

AF649850

111 Orte am Canal du Midi, die man gesehen haben muss

111

emons:

Bibliografische Information der Deutschen Nationalbibliothek
Die Deutsche Nationalbibliothek verzeichnet diese Publikation in der Deutschen Nationalbibliografie; detaillierte bibliografische Daten sind im Internet über http://dnb.d-nb.de abrufbar.

MIX
Papier aus verantwortungsvollen Quellen
FSC® C083411
FSC www.fsc.org

© Emons Verlag GmbH
Alle Rechte vorbehalten
© der Fotografien: Kay Walter, außer:
Ort 66: www.pixabay.com/dominicano
© Covermotiv: mauritius images/Hemis.fr/MONTICO Lionel
Gestaltung: Eva Kraskes, nach einem
Konzept von Lübbeke | Naumann | Thoben
Kartografie: altancicek.design, www.altancicek.de
Kartenbasisinformationen aus Openstreetmap,
© OpenStreetMap-Mitwirkende, ODbL
Druck und Bindung: CPI – Clausen & Bosse, Leck
Printed in Germany 2021
ISBN 978-3-7408-1086-3
Originalausgabe

Unser Newsletter informiert Sie
regelmäßig über Neues von emons:
Kostenlos bestellen unter
www.emons-verlag.de

Vorwort

Der Canal du Midi führt von der *Ville rose* Toulouse über eine Strecke von 240 Kilometern, bis er bei Agde in den Étang de Thau und schließlich bei Sète ins Mittelmeer mündet. Durch einen später angelegten Abzweig zudem auch bei Narbonne. Das ist der halbe Weg vom Atlantik zum Mittelmeer. Ein enormer Zeitgewinn, denn ab Toulouse sind Garonne und Gironde westwärts schiffbar. Genau aus diesem Grund haben schon die »alten Römer« und auch Leonardo da Vinci darüber nachgedacht, einen solchen Kanal anzulegen. Schließlich war es Pierre-Paul Riquet, ein ebenso ideenreicher wie mutiger Ingenieur, unter dessen Leitung das gewaltige Projekt im 17. Jahrhundert realisiert wurde. Für den Bau des technischen Wunderwerks benötigte er nur 14 Jahre. Seinerzeit wurden dabei der weltweit erste Kanaltunnel und die höchste Staumauer errichtet.

Ab Toulouse heben 15 Schleusen den Wasserpegel um 57 Meter bis zum Scheitelpunkt an, um ihn dann in 48 weiteren Schleusen 189 Meter absteigen zu lassen. Dabei mäandert der von Platanen beschattete Kanal wie ein natürlicher Fluss durch wunderschöne Landschaften. Midi, das ist altes Kulturland, geprägt von Burgen, Wehrdörfern und Klöstern, von Taubentürmen, Weinbau und einer grandiosen Küche. Midi, das ist das Land der Querköpfe: Alle, die von der katholischen Kirche und den Königen in Paris je bekämpft wurden, stammen aus dem Midi, ob Katharer, Albigenser, Templer oder Hugenotten. Gegen das Land und seine Menschen wurde ein Kreuzzug geführt. Das hinterlässt Spuren.

Midi, das alte Aquitanien, das ist auch ein Gefühl, geprägt von Sonne und Wärme, mehr noch von Kultur und Sprache. Im Midi spricht man *francitan,* eine Mischform aus *français* und *occitan,* eng verbunden mit dem Italienischen und Katalanischen. Noch heute hört man Vulgärlatein heraus, die Sprache der mittelalterlichen Troubadoure.

»111 Orte am Canal du Midi, die man gesehen haben muss« ist der etwas andere Reiseführer durch eine der spannendsten und vielseitigsten Regionen Europas.

111 Orte

1 Die Abtei

Fontfroide ist die schönste Zisterzienserabtei

Dieser Kreuzgang! Und dann der Kapitelsaal! Beide so schön, dass sie mühelos die gewollte, aber bisweilen harsche Strenge der Bauten der Zisterzienser überspielen. Zwei romanische Juwele, geschaffen im 12. und 13. Jahrhundert, haben die Zeiten nahezu unverändert überstanden, vor allem blieben sie von den andernorts gewaltigen Zerstörungen der Revolution verschont.

Das Kloster böte Geschichten für ein eigenes Buch. 1093 gründeten Benediktiner die Abtei der »Heiligen Maria vom Kalten Brunnen« – Fontfroide. Bei einem Aufenthalt des Bernhard von Clairvaux 1146 traten die Mönche zum Orden der Zisterzienser über. Die Kongregation in den Bergen der Corbière wurde zu einem Zentrum der Gelehrsamkeit, der Macht, aber auch des brutalen Kampfes gegen die sogenannte Ketzerei der Katharer. Benedikt XII. war als Jacques Fournier sieben Jahre lang Abt von Fontfroide, bevor er 1334 in Avignon zum Papst ernannt wurde. Mit der Revolutionsverfassung von 1791 endete die Geschichte der Bruderschaft, um von 1858 bis 1895 wiederbelebt zu werden. Die letzten Mönche flohen 1901 nach Spanien. Das Kloster stand fast ein Jahrzehnt leer, bis Kunstfreunde es bei einer Auktion erwarben und retteten.

Der Bau spiegelt die Ideale eines autarken, der Welt entrückten Klosters wider, alles steht im Zeichen der Ordensregel »Beten und Arbeiten«. Er ist aufgeteilt in einen abgeschiedenen, ehedem nur den Mönchen vorbehaltenen Bereich und einen der Laienbrüder. Ein Traum bis heute ist die Architektur: streng und funktional und gleichzeitig unfassbar elegant, ob Refektorium oder Vorratskeller, das Dormitorium, die Kapelle der Fremden oder das Langhaus der Abteikirche. Im Zentrum der Anlage: die Steinbänke des quadratischen, lichtdurchfluteten Kapitelsaals und der Kreuzgang davor mit seinen Waschbecken in der Westgalerie. Der namensgebende Brunnen findet sich in einer Ecke des Arbeitshofs.

Adresse 613, Route Départementale, 11100 Narbonne, Tel. +33 (0)4/68451108, www.fontfroide.com | **ÖPNV** von Narbonne Bus 407, Station Domaine St. Julien, von dort 2,4 Kilometer zu Fuß | **Anfahrt** D 613 | **Öffnungszeiten** Nov.–März 10–12.30 und 13.30–17 Uhr, April–Juni und Sept.–Okt. 10–18 Uhr, Juli–Aug. 9.30–19 Uhr | **Tipp** Den wunderbaren Rosengarten und das Michelin-prämierte Restaurant »La Table de Fontfroide« sollte man nicht verpassen. Die Sommerkonzerte und »Nocturnes« sind ein unvergessliches Ereignis.

2 Die Albigenserkirche

Der Fluch von Sainte-Madeleine

Die schöne alte Stadt Béziers liegt seit über 2.700 Jahren an den Ufern des Orb und hat in dieser Zeit viel Leid erfahren. Germanen, Vandalen und dann die Westgoten plünderten und verwüsteten sie. Danach kamen die Sarazenen, bis Karl Martell die Stadt für das Frankenreich eroberte. Und sie sicherheitshalber schleifen ließ, um sie so vor der Rückkehr der Mauren zu schützen.

Die Kirche Sainte-Madeleine, ein romanischer Bau des 12. Jahrhunderts aus weißgrauem Sandstein, sehr schlicht und sehr streng, im Herzen der Altstadt, wird oft übersehen. Dabei ist sie die größte von Béziers, deutlich größer als die Kathedrale.

Und »La Madeleine« blickt auf eine besonders grausame Geschichte zurück. Béziers war eine Hauptstadt der Katharer, einer auch Albigenser genannten christlichen Sekte, beheimatet im Süden Frankreichs. Die Katharer waren dem Papst schon deshalb ein Dorn im Auge, weil sie weibliche Priesterinnen anerkannten und Armut, Bescheidenheit und Keuschheit predigten. Als Papst Innozenz III. die gesamte Christenheit zum Kreuzzug nach Okzitanien gegen die Katharer aufrief, die sich selbst als »die Guten« bezeichneten, zog seine gewaltige Armee als Erstes nach Béziers. Am 22. Juli 1209 wurde die Stadt eingenommen und eingeäschert. Der Mönch und Chronist Cäsar von Heisterbach berichtete, auf die Frage, wie denn Ketzer von normalen Bürgern zu unterscheiden seien, habe der Gesandte des Papstes den Soldaten geantwortet: »Tötet sie alle! Gott wird die Seinen schon erkennen!« Und so geschah es. Alle Einwohner der Stadt, Männer, Frauen und Kinder, insgesamt 20.000 Menschen, sollen hingeschlachtet worden sein, 7.000 davon allein in der Kirche Sainte-Madeleine.

1999 wurde im Zuge einer umfangreichen Renovierung viel barocker Kitsch aus der Kirche entfernt. Jetzt hat sie auch im Inneren zu ihrer romanischen Schlichtheit zurückgefunden. Mancher Tourist findet das schmucklos.

Adresse Place de la Madeleine, 34500 Béziers | ÖPNV Bus A, B, Station Place de la Victoire, Bus 5, 7, Station Les Halles | Anfahrt D 609, das Auto am besten im Parkhaus »Parking Les Halles« abstellen | Öffnungszeiten Juni–Sept. täglich 10.30–12.30 und 16–18 Uhr, Okt.–Mai Mi, Fr, So 10–12 Uhr, Mi, Fr auch 14–16 Uhr | Tipp Béziers ist eine Stadt des Bieres. Gleich mehrere kleine Handwerksbetriebe brauen ihr eigenes Craft Beer, so die Brasserie »Alaryk« (2, Rue des Poiriers) an der Ausfallstraße nach Maureilhan oder »La Gorge Fraiche« (Die erfrischte Kehle) nahe der Schleuse (2, Avenue Joseph Lazare).

3 Die Arkaden

Der Marktplatz von Mirepoix ist eine Augenweide

Im Jahr 1289 verheerte ein Hochwasser nie gekannten Ausmaßes die Stadt Mirapixo (okzitanisch *»mira peis«* – wo man Fische sieht) nahezu vollständig. Südlich des Flusses Hers wurde der Ort umgehend als mittelalterliches Wehrdorf, eine fast quadratische Bastide, wiederaufgebaut, umgeben von einer Stadtmauer. Und so präsentiert sich Mirepoix bis heute.

Am besten kommt man zu Fuß durch das steinerne Stadttor, die Porte d'Aval – im Volksmund *la gorge*, der Schlund, genannt. Rechtwinklige Gassen führen zum Marktplatz im Zentrum. Die Place Maréchal Leclerc ist erstaunlich groß, lang gestreckt und rechteckig. Gesäumt wird sie von meist zweistöckigen Fachwerkhäusern, deren jeweils erster Stock auf tiefen Arkadengängen aus Holz, den sogenannten *couverts*, ruht. Die um mehrere Meter zurückgesetzten Erdgeschosse beherbergen durchgängig Ladenlokale, Restaurants und Cafés. Unter den Arkaden geschützt, lässt sich der Platz trockenen und sauberen Fußes umrunden. Bahnbrechend im 13. Jahrhundert. So etwas wie ein Vorläufer der Shoppingmall.

Die Abschlüsse der tragenden Balken über den Arkaden sind überreich mit geschnitzten Skulpturen verziert: Mit etwas Phantasie erkennt man Könige, Tiere, schöne Frauen und bizarre Bestien. Am schönsten sind das heutige Amtshaus und das Haus der Konsuln. Die Stadt Mirepoix erhielt am 5. Januar 1274 das verbriefte Recht, eigene Konsuln zu wählen. Wie reich die waren, verdeutlicht der Tragbalken am *couvert* ihres Hauses: zwölf Meter lang, 60 Zentimeter stark und mit 104 Figurinen verziert.

Montag ist Markttag. Ein Magnet, denn der Platz ist dann so vollgestopft, dass die gesamte Umgebung entvölkert sein müsste. Auch das macht Spaß, aber wer den Platz selbst genießen will, der sollte einen anderen Tag wählen. Der Midi ist reich an wunderschönen Marktplätzen. Der von Mirepoix sticht deutlich hervor.

Adresse Place Maréchal Leclerc, 09500 Mirepoix | **Anfahrt** D 119, Parkplätze sind ausgeschildert, von dort zu Fuß | **Öffnungszeiten** Wochenmarkt: Mo und Do (kleiner) vormittags | **Tipp** Der Glockenturm der Kirche Saint-Maurice bietet einen weiten Blick, bei gutem Wetter kann man bis in die Pyrenäen sehen. Über die D 119 gelangt man zur Höhlenkirche Notre-Dame-de-Vals mit ihren beeindruckenden Fresken.

4 Die Austernfarm

Tarbouriech-Austern direkt vom Produzenten

Bei Marseillan, am Pointe des Onglous, mündet der Canal du Midi neben einem rot und weiß gestrichenen Leuchtturm in den Étang de Thau. Die 75 Quadratkilometer große Lagune ist durch eine lang gezogene Sandbank fast vollständig vom Mittelmeer abgetrennt. Salzgewinnung, Touristen und Fischfang sind hier traditionell die Haupteinnahmequellen und zudem die *conchyliculture*, die Muschelzucht. 600 Betriebe mit rund 2.000 Beschäftigten produzieren neben Miesmuscheln rund 13.000 Tonnen Austern jährlich. Kein unerheblicher Wirtschaftsfaktor, mit der Folge, dass die Wasserqualität des durchschnittlich nur 4,5 Meter tiefen Sees permanent durch eine staatliche Institution geprüft wird.

Gezüchtet wird hauptsächlich die Pazifische Felsenauster. Nicht ganz einfach: Weil die Lagune relativ flach ist, erzeugt schon leichter Wind hohen Wellengang. Zudem ist der Gezeitenhub im Étang noch geringer als im Mittelmeer. Die Austern hängen meist an Seilen oder in Netzen unter Flößen an tieferen Wasserstellen.

Einen anderen Weg geht Florent Tarbouriech. Seit 2006 hebt der Züchter seine Muscheln regelmäßig aus dem Wasser, um so Ebbe und Flut zu imitieren. Die Austern öffnen und schließen sich bei jedem Hebevorgang, trainieren dadurch ihren Muskel und werden so größer und fester im Fleisch. Tarbouriech-Austern heißen sie nach dem Erfinder der Methode. Es ist selten, dass Austern den Namen ihres Züchters tragen. Sie sind nicht nur größer, sondern auch teurer als andere Austern, allerdings in einer Gegend, in der Muscheln kein Luxusprodukt sind. Sie schmecken aber auch besser. Davon kann man sich direkt beim Produzenten überzeugen, im »Comptoir Le St. Barth«. Die deutsche Faustregel, man solle Austern und Muscheln nur in den kalten Monaten mit »r« essen, kennt man hier nicht. Das Restaurant bietet die Meeresfrüchte in karibischem Flair und Besichtigungstouren zu den hauseigenen Zuchten.

Adresse Comptoir Le St. Barth, Lieu dit Montpenedre, 34340 Marseillan, Tel. +33 (0)4/99439758 und +33 (0)6/95823647, www.lestbarth.com | Anfahrt D 51, dann Chemin des Domaines | Öffnungszeiten Besichtigung Juni – Aug. täglich 15 Uhr (nach Anmeldung!) | Tipp Das kleine Dorf Bouzigues am Westufer des Étang ist ebenfalls für seine Austernzucht bekannt. Besonders die teils schlichten Bretterbuden direkt am Strand bieten beste Qualität an Fisch und Meeresfrüchten.

5 Der Backsteinturm

Imposante Toulouser Gotik in Montgeard

Gegründet wurde Montgeard 1317 als Bastide. Die Befestigung diente allerdings nicht der Abwehr äußerer Feinde, sondern dem Schutz vor der eigenen Bevölkerung. Der Kreuzzug gegen die Katharer war zwar im Jahr 1229 mit dem Vertrag von Paris und der Synode von Toulouse offiziell beendet, aber weder Päpste noch Könige trauten den rebellischen Untertanen. Mit gutem Grund. Die Bastide schützte vor allem den königlichen Seneschall Guy Guiard, und hier in »Mont-Guiard« wurde inquisitorisch Gericht über die »Rebellen« gehalten.

Der wuchtige rote Backsteinturm der Kirche Notre-Dame-de-l'Assomption wirkt auch wie eine Festung, als sei er eher als Kerker denn als Kirchturm gedacht. Tatsächlich ist er nachträglich angebaut und bezeugt nicht die Wehrhaftigkeit der Kirche, sondern den Reichtum, den die zur Farbstoffgewinnung genutzte Pflanze Färberwaid ins Lauragais brachte. Den Bau der Kirche finanzierten ab 1515 im Wesentlichen vier Pastelhändler-Familien. 1533 stiftete zum Beispiel Jacques Durand 50.000 Ziegelsteine für den Turm in seiner heutigen Form. Gotik im Stil von Toulouse. Ein imposantes Monument, das da als quadratischer Vorbau mittig vor dem Kirchenschiff steht, auch wenn es nie ganz fertiggestellt wurde – die vorgesehene Spitze fehlt. Dafür bietet die Plattform des Turms einen phantastischen Ausblick.

Es lohnt, genau hinzugucken: Die Wasserspeier an den Ecken zeigen groteske Figuren, zwei Löwen, einen Wolf und dazu eine extrem ungewöhnliche Figur an der Südwestecke: einen gebärenden Faun, halb Frau, halb Ziege. Auch im Inneren der Kirche lohnt der Blick nach oben: Die Schlusssteine des Kreuzrippengewölbes gelten als die schönsten Beispiele Toulouser Gotik. Sie zeigen das Wappen der Stadt Montgeard, Abraham, den segnenden und den auferstandenen Christus. In der Rosen-Kapelle sieht man den Kopf eines Satyrs und einen sogenannten »Grünen Mann«.

Adresse Rue des Arcades, 31560 Montgeard | Anfahrt D19, von dort in die Allée des Peupliers (mehr ein Feldweg) biegen | Öffnungszeiten unregelmäßig (Auskunft erteilt die Mairie: Tel. +33 (0)5/61813474) | Tipp Pastel brachte derartigen Reichtum, dass auch die Kirche Saint-Martin im Nachbardorf Nailloux ein schönes fünfflügeliges Altarbild aus Nottingham-Alabaster beherbergt. Zudem gibt es in Nailloux – neben einem beliebten Outletcenter – eine seltene Windmühle mit sechs Flügeln.

6 Die Badeanstalt

Die antiken Thermen von Rennes-les-Bains

Schon die alten Römer haben in den heißen Quellen von Rennes-les-Bains, tief in den Bergen der Corbière, Rheuma, Arthrose und andere Leiden kuriert. Die Überreste der römischen Therme kann man nicht übersehen. Sie stehen, ansehnlich und ziemlich intakt, quasi mitten auf der D 14, der einzigen Straße in den Ort. Eine Kurve weiter folgt dann das moderne Heilbad. Wobei modern relativ ist. Ein Schwimmbad mit natürlich warmem Wasser, für kleines Geld von Mitte April bis Ende Oktober nachmittags geöffnet; dazu die üblichen Anwendungen von Schlammpackung bis Hydromassage, das ist es auch schon. So mancher wird da beim Blick auf die Karte fragen: Und dafür hier herausfahren? Ja, unbedingt. Das gilt nicht nur für Motorrad- und Radfahrer, die die kurvigen Bergstraßen durch den Wald mit ihrem Wechselspiel von Sonne und Schatten immer am Flüsschen Sals entlang lieben.

Das Dorf über beiden Ufern der Sals ist einfach nur schön. Der Platz unter Platanen und ein Gläschen Pastis oder Crémant: ein Traum von Süden. Ein sommerliches Bad in der Sals erfrischt. Und der Fluss trägt seinen Namen zu Recht: Sein Salzgehalt ist doppelt so hoch wie der des Mittelmeers. Das Königinnenbad, eine Heißwasserquelle, in der laut Legende Blanca von Kastilien und Bourbon (1339–1361) von der Lepra geheilt wurde, ist als Hotel mit Spa und malerischer Terrasse wiederaufgebaut worden. Aber das Beste sind die neun Quellen und Naturteiche des Orts – vier davon kalt und fünf warm, mit bis zu 47 Grad heißem Wasser. Sie sind die eigentliche Badekultur von Rennes-les-Bains, und sie sind das ganze Jahr über frei zugänglich, ob nun »La Fontaine des Amours« (kalt) oder »Les Bains Doux« (37 Grad) oder »Les Bains Forts« (47 Grad). Hippies und Esoteriker haben das auch für sich entdeckt. Manche suchen nur die freien Duschen, andere eine Massage oder die Erleuchtung und wieder andere den Heiligen Gral.

Adresse Badeanstalt: 30, Grand-Rue des Thermes, 11190 Rennes-les-Bains, Tel. +33 (0)4/68747100, www.thermes-renneslesbains.fr | Anfahrt D14 | Öffnungszeiten 22. April–27. Okt. Di–So 14–19 Uhr | Tipp Drei Burgen, alle an der D613 gelegen, liegen in unmittelbarer Umgebung, maximal zehn Minuten entfernt: der wuchtige Donjon des Château d'Arques, die malerische Ruine des Château Coustaussa und der Wehrturm des Château de Serres. Letzteres ist seit einigen Jahren in Privatbesitz und wird renoviert.

7 Die Balkone

Die bunten Häuser auf dem Agout

Castres nennt sich voller Stolz das »Venedig des Tarn«. Vor allem im März, wenn die Stadt ein Wochenende lang ihren »Carnaval vénitien« feiert, unter tätiger Mithilfe von prunkvoll maskierten Delegationen aus der Lagunenstadt. Dabei war die Stadt lange Hochburg des französischen Protestantismus. Den Beinamen hat sie auch dem Agout zu verdanken. Der Nebenfluss des Tarn fließt mitten durch das alte Zentrum der Stadt. Seine Ufer werden von gut erhaltenen fünfstöckigen Häusern flankiert. Schön und bunt, scheinen sie auf den ersten Blick im Wasser zu stehen. Auf den Balkonen des ersten Stockes bekommt man bei Hochwasser jedenfalls schnell nasse Füße.

Im Mittelalter war Castres ein wichtiges Zentrum der Textilproduktion, in den Häusern am Agout lebten und arbeiteten Gerber und Weber, Färber und Pergamentmacher. Lauter Handwerke, die auf fließendes Wasser angewiesen sind. Die steinernen Untergeschosse der Häuser kanalisieren das Flussbett. Auf Wasserebene öffnen sich aus allen Kellern Torbogen in den Fluss. Sie waren nie für Boote gedacht, sind aber der eigentliche Grund für den Beinamen Klein-Venedig. Über ein paar Stufen geht es durch diese Tore vom Agout hinauf in die Keller der Häuser, im lokalen Okzitanisch *caoussino* genannt. Übersetzt heißt das Kalkfabrik. Und tatsächlich nutzten die Handwerker die Keller, um in großen Bottichen und Kufen zu kalken, zu färben und zu waschen –zudem nutzten sie den Fluss als kostenlosen Abfluss. Der wasserseitige erste Stock ist auf der Straßenseite ebenerdig und diente als Werkstatt und Laden. Darüber wohnte man, genauer gesagt wohnten wohlhabendere Familien. Mittelalterliche Kataster belegen, dass das nicht zwingend die Nutzer der Arbeitskeller waren. Die oberen Stockwerke dienten teils als Lager und Trockenböden, teils als Wohnungen. In den 1980er Jahren wurden viele Häuser samt Balkon renoviert. Heute sind sie hochbegehrt.

Adresse Quai des Jacobins, 81100 Castres | Anfahrt N 126 oder D 612 | Tipp Von Mai bis Oktober befährt ein schöner Kahn, die Holzpeniche »Miredames«, fünf- bis siebenmal täglich den Fluss und ermöglicht die beste Sicht nicht zuletzt auf diese Häuser. Besonders romantisch sind die Abendtouren. Tickets erhält man beim Office de Tourisme.

8 Das Becken

Der Hafen von Castelnaudary

Das künstlich angelegte »Grand Bassin« von Castelnaudary ist mit einer Fläche von rund sieben Hektar der mit Abstand größte Hafen des gesamten Kanals und der einzige See auf der 240 Kilometer langen Strecke. Vor allem aber ist das Becken so etwas wie der Zentralbau, das Herzstück der Wasserstraße. Es liegt 14 Kilometer östlich vom Scheitelpunkt auf der zum Mittelmeer abfallenden Strecke und zudem hinter dem Stausee von Saint-Ferréol. Über das Hafenbecken wird daher die Wassermenge für die folgenden 174 Kilometer bis zum Étang de Thau gesteuert. Auch deshalb fand eben hier am 19. Mai 1681 die erste offizielle Einweihung des »Canal Royal de Languedoc«, wie der Kanal ursprünglich hieß, statt. Eine zweite folgte fünf Tage später in Béziers.

Der Wind ist hier bisweilen so böig und stark, dass als Windschutz für den Hafen – vor allem für die Segelschiffe – eine kleine, ebenfalls künstliche Insel aufgeschüttet wurde. Denn im Hafen Castelnaudary wurden flache Lastensegler, die *gabares*, mit Weizen und Mehl für Sète oder Toulouse beladen. Von den einst 32 Mühlen der Stadt steht nur noch die kleine Stummelmühle von Cugarel. Ihr Mahlwerk ist intakt, vom Hügel aus überblickt man die Landschaft mit ihren Feldern. Von der ehemals einzigen Werft am Bassin gibt es keine Überreste, auch von den Reeperbahnen der Seiler nicht. Von den einstigen Waren- und Stapelhäusern ist nur die Ruine eines großen Rundturms erhalten, linker Hand hinter der Pont Neuf. Der heutige Hafen liegt samt Hafenmeisterei im kleineren Vorbecken. Der See selbst ist Naherholungsgebiet, ideal zum Joggen und Wandern. Wirtschaftliche Bedeutung verschafft ihm der Tourismus durch den Verleih von Hausbooten, die man ohne Führerschein steuern darf.

Ursprünglich sollte der Kanal gar nicht durch den Ort führen. Die Bewohner von Castelnaudary ließen sich die Verlegung die Kleinigkeit von 30.000 Livres kosten.

Adresse Office de Tourisme: Quai du Port, 11400 Castelnaudary, Tel. +33 (0)4 68230573, www.castelnaudary-tourisme.fr | **ÖPNV** TER Toulouse–Narbonne, Station Gare de Castelnaudary, von dort 750 Meter zu Fuß über die Avenue Paul Riquet | **Anfahrt** D 6113, dann Beschilderung Centre folgen | **Öffnungszeiten** Mo–Fr 9.30–12 und 14–17 Uhr, Sa 9–13 Uhr | **Tipp** Wer nicht selbst am Steuer mehrere Tage über den Kanal schippern will, kann bei Detlef Dellwo in Castelnaudary auch Stunden- oder Halbtagestrips mit und ohne Picknick buchen (www.saintroch11.com).

9 Der Bischofssitz

Hier betete schon Katharina von Medici

Von Nordosten kommend, hat man Saint-Papoul schnell verpasst. Der obligatorische Kreisverkehr am Dorfeingang, eine Kurve, und schon ist man am Ort wieder vorbei. Geschichte. Ebendie hat man dann verpasst. Das 800-Seelen-Dorf mit mächtiger Abtei samt Kathedrale war bis zur Revolution Sitz von insgesamt 34 Bischöfen. Und als Jakob von Cahors alias Papst Johannes XXII. im Jahre 1317 Saint-Papoul zum Bischofssitz erhob, da war die größte Zeit des Klosters schon vorüber.

Gegründet wurde Saint-Papoul 600 Jahre zuvor als *ermitage,* als Einsiedelei. Beim Köpfen des Märtyrers Papulus sei als göttliches Zeichen eine wundertätige Quelle entstanden, so die Legende. Erstmals erwähnt wird das Kloster 817 auf dem Aachener Konzil in einer *Capitulare* von Kaiser Ludwig dem Frommen. Im 11. Jahrhundert wurde Saint-Papoul Wallfahrtsstätte, weil dem Mönch Berengar Wunder zugeschrieben wurden, 1317 wurde es Bischofssitz. In den folgenden Jahrhunderten wurde es mehrfach geplündert und wieder renoviert. 1567 besuchte Katharina von Medici mit ihrem Sohn König Karl IX. auf ihrer Frankreichreise den Ort, um zu beten. Das barocke Kircheninnere ist Geschmackssache, wie auch die vergoldete Heiligenstatue mit dem eigenen Schädeldach in der Hand. Nicht aber der romanische Kreuzgang mit seinen Darstellungen von Pflanzen und Tieren, Monstern, Greifen und anderen Fabelwesen. Prunkstücke sind die Kragsteine außen an der Apsis der Kirche. Geschaffen von dem sogenannten Meister von Cabestany, zeigen sie »Daniel in der Löwengrube« und die »Strafe der Verleumder«. Damit sich Besucher nicht den Nacken verrenken müssen, gibt es Gipsabgüsse im kleinen, aber feinen Museum des Klosters. Dem Meister von Cabestany werden in der gesamten historischen Region Okzitanien einzigartige Figuren mit fast dreieckigen Köpfen, Mandelaugen, hohen Wangenknochen und übergroßen Händen und Füßen zugeschrieben.

Adresse 5, Place Monseigneur de Langle, 11400 Saint-Papoul, Tel. +33 (0)4/68949775, www.abbaye-saint-papoul.fr | **Anfahrt** D 71/D 103/D 116; Chemin du Falga: vom Kanal an der Ecluse de Guerre 6 Kilometer Wanderweg | **Öffnungszeiten** April–Okt. täglich 10–12 und 14–18 Uhr, Juli, Aug. täglich 10–19, Nov.–13. Dez. und Feb., März nur am Wochenende | **Tipp** Die schönste Führung bietet ein Quiz für Kinder, geleitet von Daniel höchstselbst. Wer sich auf die Spuren des Meisters von Cabestany begeben möchte, dem seien der Sarkophag im Kloster Saint-Hilaire (südlich von Carcassonne) und das wunderbare, ihm gewidmete Museum in Cabestany bei Perpignan empfohlen.

10 Das Blau

Das Pastelmuseum von Labège

Das Lauragais trägt bis heute den Namen »Pays de Cocagne«, zu Deutsch Schlaraffenland. Grund dafür sind nicht die fruchtbaren Böden der Landschaft zwischen Montagne Noire und Pyrenäen von Toulouse bis Castelnaudary, sondern eine nahezu in Vergessenheit geratene, nicht essbare Pflanze namens Färberwaid oder Pastel, deren Anbau lange Zeit die Gegend prägte. Ihre Blüten verwandelten die sanften Hügel jeden Frühling in ein gelbes Farbenmeer. Vor dem Import von Indigo aus Amerika lieferte ausschließlich Färberwaid die Farbe Blau. Und die war begehrt. Das Pastelblau war Ergebnis eines stinkenden Fermentierungsprozesses der gemahlenen Pflanze. Hauptanbaugebiet von Färberwaid war das Lauragais. Die Bauern nannten die kugelförmigen Ballen der getrockneten Pflanze, die sie 100 Jahre lang reich machte, *cocagnes*. Ein okzitanisches Sprichwort sagt: *»Li païs si a non Coquiagne, qui plus i dort, plus i gaaigne.«* – Im Land namens Cocagne wird man jede Nacht im Schlafe reicher. Noch reicher als die Bauern wurden die Händlerfamilien aus Toulouse, die die Farbe nach Brüssel und London, Madrid und Köln lieferten, die d'Assézat, Bernuy, Cheverry oder Lancefoc. Das sieht man ihren Residenzen in Toulouse bis heute an.

Im Zuge der Wiederentdeckung alter Handwerkskunst erfährt auch das Pastelblau eine Renaissance, nicht nur als Naturfarbe für Stoffe, sondern auch als Grundstoff für Kosmetika. Mehr darüber kann man in Labège, südöstlich von Toulouse, erfahren. »Terre de Pastel« ist ein Museum – mitten im Industriegebiet – rund um die Geschichte des Färberwaids und die Produktion von Pastelblau, zudem eine Forschungsstätte für die Pflanze mit eigenem Anbau, dazu noch ein Hotel mit angeschlossenem Spa, betrieben mit Produkten aus Pastel, und ein Shop.

Ob der Begriff »blaumachen« auf die Ruhephase anspielt, die das Trocknen der Pflanze den Bauern verschaffte, ist eher umstritten.

Adresse 629, Rue Max Planck, 31670 Labège, Tel. +33 (0)800/940167, www.terredepastel.com | **ÖPNV** Bus 80, Station Grande Borde | **Anfahrt** D 16 | **Öffnungszeiten** Mo 10–17 Uhr, Di–Sa 10–19 Uhr | **Tipp** Ein zweites Pastelmuseum gibt es im Château-Musée de Magrin. In Revel, Lautrec und anderen Städten gibt es Boutiquen der Kette »Bleu de Pastel«. Nadine Guy in Lautrec veranstaltet Kurse im Färben mit Pastel (www.lapetitemaisondupastel.com).

11 Das Bücherdorf

Montolieu ist nicht einseitig

Montolieu in den Weinbergen des Cabardès ist ein typisches Städtchen des Midi. Ein bisschen abseits der Haupttouristenroute gelegen, bringt es sehr gute, aber selbst in Frankreich nicht sonderlich bekannte (Rot-)Weine hervor. Über eine hohe alte Steinbrücke geht es in den Ort hinein, die Straße führt außen herum – und vorbei.

Die Gemeinden schrumpfen, die Geschäfte verschwinden, und das seit Anfang des 18. Jahrhunderts, seit mit Pastelblau kein Geld mehr zu verdienen ist. Landflucht. Aber Montolieu hat sich diesem »Schicksal« nicht gefügt. 1990 ließ sich der belgische Buchdrucker Michel Braibant samt Atelier in Montolieu nieder. Er hatte die Idee, Montolieu zum Bücherdorf zu erklären und vor allem, es auch tatsächlich dazu zu machen. Resultat: 16 Buchhandlungen, und aus der ehemaligen Weinkooperative wurde ein Museum für die Kunst des Buchdrucks. Dazu Galerien, ortsansässige Künstler, Kalligrafen, Musiker. Eine benachbarte Papiermühle konnte wiederbelebt werden, es gibt Festivals für moderne Literatur und für alte Bücher, für *bandes dessinées* (Comics), für Jazz und zeitgenössische Kunst, selbst neue Restaurants und Pensionen gibt es. 50.000 Besucher kommen pro Jahr, sei es zu einem der Events, sei es, um einfach durch den Ort zu flanieren, Buchläden und Antiquariate zu entdecken.

Auch andere wählten Montolieu als neuen Wohnsitz, darunter bekannte Schriftsteller wie Patrick Süskind oder Anna Gavalda oder der inzwischen verstorbene britische Musiker Kevin Ayers. Inzwischen leben hier Menschen 20 verschiedener Nationalitäten. Nicht alle bleiben. Nicht allen Einheimischen hat das anfangs gefallen. Aber insgesamt hat Montolieu davon profitiert. Bäckerei, Schlachterei, Post und Kiosk sind nicht abgewandert. Schön sind viele Orte im Midi, manche aber leider auch ziemlich verlassen und tot, nicht nur unter der heißen Sommersonne. Das Bücherdorf Montolieu lebt.

Adresse Musée des Arts et Métiers du Livre: 39, Rue de la Mairie, 11170 Montolieu, Tel. +33 (0)4/68248004, www.montolieu-livre.fr | **Anfahrt** D 8 oder D 629 | **Öffnungszeiten** Museum: Nov.–März Mo–Fr 14–17 Uhr und Sa, So 15–17 Uhr, April–Okt. Mo–Fr 10–12 und 14–18 Uhr und Sa, So 15–18 Uhr | **Tipp** Die Region Cabardès ist eine geschützte Herkunftsbezeichnung (AOC). Klein, aber sehr gut. Das gilt gleichermaßen für das unmittelbar angrenzende Malepère.

12 Die Caladen

Das Pflaster von Montouliers

Westlich von Béziers, am Südrand des Massif central, thront das kleine Dorf Montouliers auf der Spitze eines Hügels. Im okzitanischen Namen Montolièrs ist die Bedeutung »Berg der Olivenbäume« noch gut erkennbar. Schon die Westgoten ließen sich hier nieder, der Ort stammt aus dem frühen Mittelalter. Und er hat eine einst typische Besonderheit südlicher Bergdörfer bewahrt: die »Caladen«.

Caladen, so heißen hier die bergauf führenden Wege aus behauenem Pflasterstein. Sehr uneben, sehr laut, unproblematisch für Esel, aber in modernen Schuhen sehr unbequem zu begehen, sind sie genau deshalb nahezu überall verschwunden – oder aber geteert worden. Nicht so in Montouliers, wo sie zum Teil erhalten sind. Von der Dorfstraße Rue du Café aus gelangt man durch einen schmalen gemauerten Torbogen, fast wie ein Hauseingang, auf die Rue de la Calade, die zu Kirche und Château hinaufführt, und kreuzt dabei die Place d'Olivier und die Rue de la Petite Calade. Der Begriff Caladen ist wohl vom okzitanischen *calar* abgeleitet, was breit- oder plattschlagen bedeutet und ziemlich genau den Vorgang des Anlegens der gepflasterten Wege beschreibt. Im Abstand von ein, zwei oder drei Schritten (60 bis 180 Zentimeter) steigen sogenannte *pas-d'âne* (Eselsstufen) an; zum Teil mit Wasserrinnen in der Mitte, führen die schmalen und für Autos vollständig ungeeigneten Wege so den Berg hinauf. Oft scheinen sie und die Mauern und Hauswände aus Naturstein ineinander überzugehen: sehr pittoresk, aber – um der Wahrheit die Ehre zu geben – außer in Holzschuhen beim Gehen buchstäblich Eindruck hinterlassend. Trotzdem ist solch ein Aufstieg, besonders wenn Ginster, Rosmarin und Oleander blühen, ein Genuss fürs Auge.

Am Dorfrand leitet ein 200 Meter langer Tunnel, der Legende nach von Cäsars Legionen gegraben, kaltes Bergwasser in ein Quellbecken. Die Anhöhe erlaubt eine wunderbare Weitsicht über den Canal du Midi.

Adresse Mairie de Montouliers: Rue de la Mairie, 34310 Montouliers, Tel. +33 (0)4/67894143, www.communes-montouliers@wanadoo.fr | **Anfahrt** D 36E 3 oder D 36E 4B | **Tipp** Wie sehr die Gegend vom Olivenanbau geprägt ist, kann man heute bei Bize-Minervois, wenige Kilometer entfernt, besichtigen. Die »Coopérative L'Oulibo« ist Museum, Plantage, Produktionsstätte und Geschäft in einem (Hameau de Cabezac, Tel. +33 (0)4/68418884).

13 Der Calvaire

Der Aussichtspunkt von Lautrec

Lautrec führt nicht nur einen berühmten Namen, sondern dazu auch die Auszeichnungen, eines der schönsten Dörfer Frankreichs und »Site remarquable du goût«, ein Platz für besonderes Essen, zu sein. Noch mehr geht in Frankreich nicht. Lautrec liegt zudem exakt im Zentrum der gesamten Region Okzitanien, und natürlich ist das Schloss Stammsitz der gräflichen Familie Toulouse-Lautrec.

Mehr als ein Grund also, Lautrec auf halbem Weg zwischen den heute bedeutenderen Orten Castres und Albi zu besuchen. Denn Lautrec trägt seine Ehrentitel vollkommen zu Recht. Am besten steigt man als Erstes auf den *calvaire*, den 328 Meter hohen Haus- und Kalvarienberg La Salette. Hinauf führt sowohl ein langer, gewundener Weg als auch vom Ort aus ein steiler Treppenstieg, beide gleichermaßen romantisch. Direkt unterhalb vom Kalvarienkreuz liegt ein kleiner botanischer Garten, und hier steht auch die letzte verbliebene Windmühle (von einst 19). Belohnt wird man aber vor allem mit dem Blick über die roten Ziegeldächer des mittelalterlichen Dorfkerns. Der ist eng und verwinkelt. Anders als die Nachbargemeinden ist Lautrec keine rechtwinklig angelegte Bastide. Den Grundstein der Kirche Saint-Rémy hat Charlemagne (Karl der Große) gelegt. Wobei diese nicht mehr existiert. Sie stand dort, wo heute ein frisch renoviertes, uraltes Waschhaus steht. Der Marktplatz mit seinen Fachwerkhäusern, Kunsthandwerksläden und der offenen Halle wurde im 12. Jahrhundert angelegt. Wie die Straßen drum herum ein Schmuckstück. In einem Ort, der sich zu den 71 »Sites remarquables du goût« zählt, kann man natürlich gut essen. Aber Obacht: Die Spezialität von Lautrec ist Knoblauch. Jedes Jahr im August feiert man das große Fest des rosa Knoblauchs.

Die Aussicht ist abends – ob vor oder nach einem guten Essen – besonders schön. Das gilt ebenso für die Stadttore, die aus dem 8. Jahrhundert stammen.

Adresse Calvaire de la Salette, Chemin de l'Abreuvoir, 81440 Lautrec | Anfahrt D 83, Parking Rue de la Caussade, von dort zu Fuß | Tipp Die Windmühle kann man nach Anmeldung im Office de Tourisme (Tel. +33 (0)5/63979441) besichtigen. Um den Maler Henri de Toulouse-Lautrec zu würdigen, muss man nach Albi. Das Palais de la Berbie besitzt die größte Sammlung an Bildern und Zeichnungen. Der ehemalige Bischofssitz ist auch sonst einen Besuch wert.

14 Die Circulade

Caux ist aus gutem Grund rund

Wen in Caux das unbestimmte Gefühl beschleicht, im Kreis zu laufen, der könnte recht haben. Denn Caux ist eine fast idealtypische Circulade, ein Ort, der zur Verteidigung kreisrund um einen Zentralbau – Schloss und/oder Kirche – angelegt wurde. Dieser Typus Stadt ist im Midi durchaus nicht selten. Aber meist ist die Kreisform heute nur noch zu erahnen und bestenfalls aus der Luft sichtbar. In Caux dagegen sieht und spürt man beim Gang durch die engen Gassen die Krümmung der Straßen und der Außenmauern der Häuser.

Auch hier hat das als Verteidigungsstrategie lange funktioniert, nur nicht gegen die Pest. Die verschonte 1327 exakt sechs Bewohner. Erst am Ende der Hugenottenkriege 1597 wurde Caux eingenommen und niedergebrannt. Der Wiederaufbau dauerte, ging auch über die Mauern hinaus, bewahrte aber zu guten Teilen die ursprüngliche Ringstruktur. Von den ehemals fünf Stadttoren ist nur das innere in der Rue des Remparts erhalten. Hier geht es durch die meterdicke Mauer über die alte Steintreppe hoch zum mittelalterlichen Ortskern. Von den vier anderen Toren, jeweils am Ende der Rue de l'Évêché, Rue Émile Zola, Rue Notre-Dame und Rue de l'Église, sind nur mit Mühe Relikte zu erkennen. Trotzdem macht es Spaß, durch die gekrümmten Gassen zu stromern, auf der Suche nach Fenster- oder Torbogen aus der Renaissance oder auch dem Geburtshaus des napoleonischen Brigadegenerals Jean-Jacques Causse (1751–1796), das aus dem 15. Jahrhundert stammt und in dessen Innenhof ein schöner Steinbrunnen steht. Manches wurde (nicht immer gelungen) moderneren Bedürfnissen angepasst, aber immer wieder sind eine Säule, eine Mauer oder ein Bogen unverändert. Vielleicht finden Sie auch die Erinnerungsplakette für den Räuber und Mörder Jean Pomarèdes (1801–1843), ebenfalls ein Sohn der Stadt. Obacht: Auch wenn es Besuchern unvorstellbar erscheint, es fahren Autos durch die engen Kurven.

Adresse Mairie: Place de la République, 34720 Caux, Tel. +33 (0)4/67984009, www.caux.fr | ÖPNV Bus E (von Béziers/Pézenas), Station Caux Centre Bourg | Anfahrt D 13, D 30 | Tipp Der Chemin de la Mountade (D 174E 1) führt mitten durch die Weinberge zum Kloster Notre-Dame de Mougères. Grundsätzlich gilt: Je kleiner eine Circulade, desto erkennbarer der Bauplan als Runddorf, zum Beispiel in Ginestas oder in Moussan.

15 Die Decken

Malerei im Bilderbuchdorf Lagrasse

An wunderschönen uralten Dörfern herrscht kein Mangel im Land der Katharer. Lagrasse, tief in den Corbières und vom Orbieu durchflossen, sticht trotzdem deutlich heraus. Jedes dritte Haus ist ein Baudenkmal. So kommt es einem zumindest vor. Lagrasse zählt nur 545 Einwohner, aber 16 Gebäude sind als nationales Kulturdenkmal klassifiziert: die alte Brücke von 1303 und die von Karl dem Großen 778 begründete Abtei Sainte-Marie, die offene Markthalle von 1315 und die gotische Pfarrkirche Saint-Michel mit ihrer Puget-Orgel, die Stadtmauern mit drei erhaltenen Toren, Tour de Plaisance, Grand Tourreil und Porte de l'Eau, die Brücke über den Sou (Pont d'Alsou) und dazu ein halbes Dutzend Häuser. Man kommt aus dem Staunen kaum heraus, und alle sind es wert, bewundert zu werden.

Und dann sind da die mittelalterlichen Deckenbalken. Lange vergessen, oder besser gesagt unbeachtet, sind sie erst vor einigen Jahren wiederentdeckt und restauriert worden. Bis zur Renaissance war es üblich, Decken mit Personen, Tieren, Pflanzen oder Jagdszenen zu bemalen. In Lagrasse kann man eine Fülle dieser Deckenbilder entdecken, die ältesten stammen aus dem 13. Jahrhundert. Auf tiefrotem Grund beeindruckende, sehr individuelle Porträts, ein Einhorn oder die grandiose Szene einer verkehrten Welt, in der eine Ziege von ins Joch gespannten Menschen ihren Acker bestellen lässt. Insgesamt sind es 131 Bildnisse. Die 90 Quadratmeter kleine Ausstellung mit fundierten Erklärungen wird seit 2014 im Maison du Patrimoine präsentiert. Auch das Haus selbst ist ein Baudenkmal aus dem 13. Jahrhundert, das zeitweise als Presbyterium der nahen Kirche Saint-Michel diente. Die frei zugängliche Ausstellung sollte man auf keinen Fall verpassen.

Im selben Haus ist die Touristeninformation untergebracht. Da erfährt man auch, wann die beiden sehenswerten Museen, die die Abtei beherbergt, geöffnet sind.

Adresse Maison du Patrimoine (und Office de Tourisme): 16, Rue Paul Vergnes, 11220 Lagrasse, Tel. +33 (0)4/68431156, www.lagrasse.fr | **Anfahrt** D3 und D212 | **Öffnungszeiten** Mo–Sa 10–13 und 14–18 Uhr, So 10–13 Uhr | **Tipp** In der Bruchsteinkirche Saint-Étienne von Villerouge-Termenès zeigt ein bemerkenswertes Altarretabel Szenen aus dem Leben des heiligen Stephanus. Schöne bemalte Decken findet man auch in Capestang im dortigen Schloss der Erzbischöfe von Narbonne.

16 Die Destille

Die Brennerei von Olonzac

Das Gebäude ist nicht zu übersehen. Auf der D 910, der Hauptstraße von Homps am Canal du Midi nach Olonzac, fährt man sozusagen durch seinen Vorgarten: ein zwei- bis dreistöckiger Komplex, Industrieklassizismus, gestrichen in einer Farbe irgendwo zwischen Gelb und Rohweiß, die Fenster größtenteils verrammelt. Auf den ersten Blick ist schwer zu erkennen, ob der Betrieb nun eingestellt ist oder ob weiter produziert wird, obschon die große Schrift auf der Fassade, »FRANÇAISES de DISTILLERIES«, neugierig macht. Die neueren Anlagen sieht man erst auf den zweiten Blick.

Die Gegend lebt von der Landwirtschaft. Einzelhöfe und kleine Weiler prägen das Bild, viel Weinbau, und das hieß hier lange Zeit eher Masse als Klasse. Und so kam dann die Brennerei ins Spiel. Denn schon zu Beginn des 19. Jahrhunderts gab es Vorgaben, wie viel Wein jeder Bauer maximal produzieren durfte. Mehr noch, die Bauern wurden gezwungen, alles, was oberhalb dieser Quote lag, zu vernichten oder zu destillieren. Zunächst übernahmen fahrende Brenner, die *Brûleurs*, diese Aufgabe. Die zogen mit ihrer Destille auf Karren durch die Dörfer, brannten Wein, Marillen, Pflaumen und Birnen zu Schnaps. Dann übernahmen feste Destillen das Geschäft – aus gesundheitlichen Gründen, und auch der Fiskus verlangte mehr Aufsicht.

Die Destille von Olonzac ist Teil der Genossenschaft UDM (»Union des Distilleries de la Méditerranée«). Heutzutage wird hier kein Schnaps mehr gebrannt, sondern vor allem Industriealkohol. Der Geschäftszweig hat infolge der Coronapandemie zugelegt, zumindest kurzfristig. Das monatelange Schließen der Restaurants bedeutete, dass große Mengen der Weinernte 2020 nicht verkauft wurden und notgedrungen gebrannt werden mussten. Die handwerkliche Schnapsbrennerei der UDM mit eigenem Shop, »L'Atelier du Bouilleur«, findet man in Autignac in der Avenue de Béziers 9.

Adresse Union des Distilleries de la Méditerranée (UDM): Route Homps, 34210 Olonzac, Tel. +33 (04)/68912003 | Anfahrt D 910 | Öffnungszeiten nur nach Vereinbarung | Tipp Das »Café Plana« (Rue Michelet, neben dem Marktpavillon) war ein mythischer Ort. Errichtet 1862, sind Fassade und Saal unverändert im Stil des *Second Empire*. Leider fand sich in den 1990er Jahren kein neuer Pächter. Eine Initiative müht sich, das wunderbare Café zu erhalten. Nur an den »Journées du Patrimoine« (Ende September) zu besichtigen.

17 Der Dolmen

Der Feenhügel von Pépieux

Drei Kilometer nordwestlich von Pépieux stößt man im Wald auf einen Hügel mit dem schönen okzitanischen Namen »Lo Morrel de las Fadas«, der Hügel der Feen. Darauf ein gut 5.000 Jahre altes Megalithgrab. Und nicht irgendeines: Der Dolmen gehört zu den imposantesten in Frankreich. Der Laie staunt. In der Bretagne würde man Ähnliches erwarten, aber unter südlichen Kiefern des Midi? Fachleute wundert es weniger. Allein das Département Hérault zählt 550 Megalithstätten – und die Grenze zum Hérault ist keine zwei Kilometer entfernt.

Der Dolmen von Pépieux ist eine Grabstätte, 3500–3000 vor Christus auf einem künstlich aufgeschütteten Hügel errichtet. Das 24 Meter lange Galeriegrab war ehedem in einen Grabhügel, einen *tumulus*, eingebettet. Die Anlage weist die typische Struktur aller Megalithgräber auf. Sie besteht aus drei Teilen: in der Mitte, abgetrennt durch quer gestellte Blöcke mit hier sehr großen und zweigeteilten sogenannten Seelenlöchern, die Hauptkammer, davor ein schmalerer Eingangsbereich und auf der anderen Seite die Endkammer mit einem seitlich stehenden Monolithen darin. Die sechs Meter lange und in drei Metern Höhe aufgelegte Deckplatte der Hauptkammer wiegt allein zehn Tonnen. Der Feenhügel war den Menschen in der Umgebung immer ein Begriff. Der Dolmen wurde aber erst 1903 wiederentdeckt. Später kamen weitere Funde in der Umgebung hinzu. Damals war die Deckplatte, im Volksmund »Palet de Roland« (Wurfscheibe Rolands) genannt, abgekippt und lag nur noch auf drei Sandsteinpfeilern. 1946 gruben die Archäologen Odette und Jean Taffanel die Anlage aus und führten den Nachweis, dass es sich um einen Dolmen mit drei Kammern und nicht um umgestürzte Menhire handelt. Teile des Mauerwerks wurden damals instand gesetzt. Die Deckplatte wurde im Zuge einer Restaurierung Mitte der 1960er Jahre wieder aufgelegt. Die letzten Arbeiten gaben 1997 dem Dolmen den neolithischen Charakter zurück.

Adresse kein Straßenname (!), 11700 Pépieux, Tel. +33 (0)4/68914112, www.mairie-pepieux.fr | **Anfahrt** D 168 (Siran–Cesseras), 1,4 Kilometer nach dem Abzweig D 206 Richtung Pépieux links abbiegen, den Schildern folgen | **Tipp** Die benachbarten Orte Siran, Cesseras und La Livinière besucht man auch, um großartige Weine zu verkosten (und zu kaufen). Der Weg zum Megalithgrab führt an einigen bekannten Weingütern vorbei.

18 Die Eisschränke

Das alte Business von Pradelles-Cabardès

Es klingt nach einem Märchen, aber es gab einmal eine Zeit, als Pradelles-Cabardès, 30 Kilometer von Carcassonne entfernt und damit sehr weit im Süden Europas, im Winter eine ziemlich schneesichere Gegend war. Und so selten ist Schnee am Südhang des 1.211 Meter hohen Pic de Nore auch heute nicht, zumal die Ortschaft selbst auf 830 Metern Höhe liegt.

Pierre Piquemol hatte 1849 die Idee, aus dem Schnee ein Geschäft zu machen, und baute die erste *Glacière*, einen überdimensionalen Eisschrank. Es handelte sich um eine gemauerte Erdgrube von acht bis zehn Metern Durchmesser und der nämlichen Tiefe, zu großen Teilen unterirdisch. Diese Grube füllte man mit Schnee, der so dicht wie möglich gepresst und gestampft wurde, bis der ganze Zylinder schließlich bis unter das Dach voll war. Ganz unten war ein Ablauf für das beim Pressen entstandene Schmelzwasser. Dann wurde die *Glacière* zur weiteren Isolierung mit Buchenblättern und Holz verkleidet, um den Winter über komplett durchzufrieren. Im Sommer wurde die Grube dann geöffnet, das Eis in Blöcke zu je 50 Kilo geschnitten und in Jutesäcken verpackt abtransportiert. Die Idee von Monsieur Piquemol funktionierte so gut, dass sein Sohn zehn Jahre später fünf weitere Eisschränke baute. Schließlich waren insgesamt 17 dieser Mega-Kühler in den Waldboden gegraben und gemauert worden. Und das Eis von Pradelles-Cabardès wurde aus der Montagne Noire bis nach Béziers und Perpignan geliefert und über den Canal du Midi nach Toulouse und Bordeaux verschifft. Eine willkommene Einnahmequelle in der strukturschwachen Gegend. Erst die massenhafte Verbreitung elektrischer Kühlschränke bereitete dem Geschäftsmodell ein Ende. Die letzte *Glacière* stellte 1927 offiziell den Betrieb ein.

Seitdem verfallen die meisten Gruben zunehmend. Am See beginnt ein Wanderweg, der auf sieben Kilometern an einigen Natur-Eisschränken vorbeiführt. Einige sind als Wohnhaus restauriert.

Adresse 15, Route du Pic de Nore, 11380 Pradelles-Cabardès | Anfahrt D 112, Wanderweg ab Parkplatz Lac du Pradelles-Cabardès | Tipp Der Sendemast auf dem Gipfel des Pic de Nore ist weithin sichtbar. Meist ist es windig und kalt, weil die Vegetationsgrenze 100 Meter tiefer liegt. Für Wanderer, erst recht aber für Radfahrer, ist die Strecke von Pradelles nach Mazamet, Heimatstadt des Radrennfahrers Laurent Jalabert, genannt »Jaja«, trotzdem ein absolutes Muss.

19 Der Erfinder

Allee und Denkmal für Pierre-Paul Riquet

Die Legende besagt, der neunjährige Pierre-Paul Riquet habe 1618 seinen Vater zur »Assemblé des États du Languedoc« begleitet, als dort über einen Kanal *»entre deux-mers«* diskutiert wurde. Die Honoratioren, auch Vater Riquet, lehnten eine Verbindung zwischen Mittelmeer und Atlantik als technisch vollkommen unmöglich ab. Beim kleinen Pierre-Paul war jedoch das lebenslange Interesse geweckt.

Aber erst mal wurde er Staatsbeamter, genauer Hauptzollpächter. Ein einträglicher Beruf. Er heiratete reich, wurde Vater von drei Töchtern und zwei Söhnen. Sein Traum blieb der Kanal. Im Selbststudium beschäftigte er sich mit Bauwesen, Geologie sowie Hydrologie und entwarf seinen Kanal. Bis ins kleinste Detail plante er den Verlauf von Toulouse bis Sète. 1662 präsentierte Riquet seine Idee Finanzminister Colbert. Und dieser, der Begründer des Merkantilismus, erkannte umgehend das Potenzial. 1667 begann der Bau des Kanals mit zeitweise 12.000 Arbeitern. Riquet zahlte Spitzenlöhne, dazu Krankengeld und Ausfallhonorare. Nur 14 Jahre später fand die Eröffnung statt, in jeder Hinsicht eine Meisterleistung. Zu spät allerdings für Pierre-Paul Riquet. Der war knapp acht Monate zuvor gestorben. Seine Söhne bauten den Kanal zu Ende. Die Familie war überzeugt, der Spleen des Vaters habe sie in den Ruin getrieben, so hoch waren die Kredite, die er persönlich für den Kanalbau aufgenommen hatte. Sie irrten. Riquet hatte nicht nur die Schulden, sondern auch das Anrecht auf die Einnahmen aus dem Kanal. Die Familie wurde reicher denn je. Und die Region erlebte einen gewaltigen wirtschaftlichen Aufschwung.

Die Städte des Südens sind dem großen Baumeister zu Dank verpflichtet. Und sie ehren ihn alle, mit Plätzen, Boulevards und Schulen. Seine Geburtsstadt Béziers machte die zentrale Achse und wichtigste Flaniermeile zu den Allées Paul Riquet, platzierte 1838 dazu in ihrer Mitte eine Statue des Bildhauers Pierre Jean David.

Adresse 72, Allées Paul Riquet, 34500 Béziers | **ÖPNV** Bus 4, 5, A, B, Station Allées Paul Riquet | **Anfahrt** D 612B | **Tipp** Am nördlichen Ende der Allee steht das sehenswerte Gebäude des städtischen Theaters. Den Besuch lohnen auch das antike römische Theater und das Théâtre des Variétés in der Rue Victor Hugo (Nummer 9). Ein Spaziergang durch die schattigen Gärten des Plateau des Poètes ist im Hochsommer besonders schön.

20 Die Falknerei

Der Adlerberg von Cazilhac

Es gibt noch wilde Greifvögel im Midi zwischen Montagne Noire und Bugarach, gar nicht so wenige und sogar große, wie Adler und Geier. Aber nicht jedem ist vergönnt, sie in der freien Natur an Berghängen kreisen zu sehen. Und so toll dieser Anblick ist, richtig nah kommt man wilden Greifen natürlich nicht. Aber zum Glück gibt es ja die Falknerei vom Adlerberg.

Südlich von Carcassonne, bei gutem Wetter noch in Sichtweite der Burgzinnen, liegt Cazilhac. Vom Ortskern folgt man der sehr kleinen Straße D 304 den Hügel hinauf Richtung Cavanac, bis nach einer Kurve links ein rot-weißer Schlagbaum zu sehen ist. Dann ist die Falknerei »Montagne des Aigles« erreicht. Hervé Julien hält hier über 30 Greife: Bussarde, Falken und Milane, aber auch Uhus und Adler. Gemeinsam mit seinen Mitstreitern präsentiert der über 70-jährige Falkner die Greife im gesamten Midi. Die Vögel, allen voran die Adler, sind die Attraktion bei sommerlichen Mittelalterfesten von Perpignan bis Pau. Aber auch hier auf dem Adlerberg kann man die majestätischen Vögel nach vorheriger Vereinbarung anschauen, einige besonders zutrauliche Tiere sogar berühren.

Die Arbeit von Monsieur Julien beschränkt sich nicht allein auf das öffentliche Vorführen der Greife und die Zucht. Er ist ein echter Falkner. Das heißt, er besitzt neben der Zuchtlizenz auch die staatliche Erlaubnis, mit einigen seiner Tiere auf die Jagd zu gehen, so wie es die Regeln des Weltkulturerbes Falknerei vorsehen. Mit Bussarden jagt man Hasen und Kaninchen, während ein ausgewachsener Adler sogar wilde Ziegen erlegen kann. Während die Bauern am Kanal über ihren Feldern durchaus häufiger jagende Greife beobachten – und bisweilen fallen gelassene Beute wie Schlangen oder Bisamratten finden –, einen Adler auf Beuteflug bekommen wohl sonst nur wenige Menschen zu sehen. Bei Hervé Julien aber immerhin die stolzen Vögel selbst.

Adresse 47, Chemin de Cavanac, 11570 Cazilhac, Tel. +33 (0)6/19839885, www.fauconnerie.net | Anfahrt D 304 | Öffnungszeiten nach telefonischer Vereinbarung | Tipp Auf der D 104 Richtung Cazilhac und Cavanac erreicht man kurz nach der Unterführung der A 61 die Route de Saint-Hilaire und dort den schönen 18-Loch-Golfplatz von Carcassonne. Action, Abenteuer und viel Spaß bietet der Klettergarten »O2 Aventure« am Lac de la Cavayère.

21 Die Felsenburgen

Puilaurens, Quéribus und die Katharer

Gewaltige Festungen, errichtet als Höhenburgen auf dem Kamm schwer zugänglicher Berge, jede Menge Legenden und Geschichten, aber dafür wenig gesichertes Wissen: Das ist das Amalgam der sogenannten Katharerburgen.

Die fünf Festungen Aguilar, Peyrepertuse, Puilaurens, Termes und Quéribus sind jede für sich großartige Anlagen. Sie wurden von Katharern gebaut und genutzt. Aber sie wurden nicht im Albigenserkreuzzug des katholischen Papstes gegen die als Ketzer und Häretiker geächteten Katharer zerstört. Im Gegenteil, sie dienten Frankreich noch weitere 400 Jahre als Grenzfestungen gegen das Königreich Aragón auf der anderen Seite der Pyrenäen.

Die meisten Legenden drehen sich um die Katharer selbst: Wer waren sie? Woran genau glaubten sie? Genaues weiß man nicht. Denn die siegreichen Päpste ließen nicht nur die Menschen vernichten, sie kontrollierten auch die nachfolgende Geschichtsschreibung. Nur so viel ist klar: Die Katharer predigten das einfache Leben, lehnten das Streben der Kirche nach Geld und Macht ab. Sicher hatten sie eine andere Vorstellung von der Rolle der Frau – schließlich entstand eben hier fast gleichzeitig die Idee der Minne. Die Katharer selbst bezeichneten sich als Gute, nicht als Reine, wie es häufig falsch übersetzt wird.

Okzitanien hatte zudem eine eigene Sprache und Kultur, war politisch eigenständig und gehörte weder zu Frankreich noch zu Spanien. 1209 schickte Papst Innozenz III. ein Heer von über 10.000 Rittern auf einen Kreuzzug gegen das rebellische Land. In den folgenden 20 Jahren wurden die Städte des Midi, des *Pays cathare,* wieder und wieder belagert und verwüstet, die Menschen getötet, bis auch die Letzten ihrem Glauben abgeschworen hatten. 1244 starben die letzten Guten auf dem Scheiterhaufen. Geblieben sind vor allem Legenden – und die selbst noch als Ruinen stolzen Burgen auf den Kämmen schroffer Berge im *Pays cathare.*

Adresse Quéribus: 11350 Cucugnan, Tel. +33 (0)4/68450369, Puilaurens: Route du Château, 11140 Puilaurens, Tel. +33 (0)4/682065, Peyrepertuse: 11350 Duilhac-sous-Peyrepertuse, Tel. +33 (0)4/303700, www.payscathare.org | Anfahrt D 117 | Öffnungszeiten Sommer 9–20 Uhr, Winter 10–17 Uhr | Tipp Wer sich für alte Instrumente und die Geschichte des Minnesangs interessiert, sollte das Musée du Quercorb in der Burg Puivert besuchen. Ein Wanderweg (GR367), der Sentier Cathare, verbindet alle Burgen.

22 Die Féria

Im August ist Béziers das Sevilla Frankreichs

Die Féria ist für Béziers, was der Karneval für das Rheinland ist: Eine Woche ruht das normale Leben, und die Stadt steht Kopf. Hunderte von Konzerten, große und kleine, auf Bühnen und Straßen und in den *casitas*, den Kneipen der Altstadt: Flamenco und Salsa für die Touristen, Hip-Hop und Techno für die Jungen, Blasmusik der *Bandas* und *Jazz Cigano* à la Django Reinhardt und Manitas de Plata für die Einheimischen. Ganz Béziers ist außer Rand und Band. Das ist nicht jedermanns Sache, wie auch die fest zum Programm gehörenden Stierkämpfe. Muss es auch nicht sein. Die hiesige Art zu feiern ist es in jedem Fall.

Aus dem lateinischen Begriff *feria* sind in vielen europäischen Sprachen die Wörter für Urlaub, Feiertag und Messe abgeleitet. Zu einer »richtigen« Féria, den Feiern anlässlich einer Landwirtschaftsmesse, gehören neben guten Geschäften, guter Musik, Tanz und Alkohol auch Stierkämpfe ganz unterschiedlicher Art, finden viele Menschen, nicht nur in Spanien, sondern auch in Südfrankreich. Andere verurteilen solche Kämpfe als Tierquälerei. In Katalonien wurden Stierkämpfe im Juli 2010 gesetzlich verboten, aber das oberste spanische Verfassungsgericht kassierte das Verdikt 2018 als nicht verfassungsgemäß. Französisches Recht bestraft Tierquälerei, lässt aber neben den nicht tödlichen *courses camarguaises* auch die sogenannte spanische Variante zu. Das kommt nicht von ungefähr. Es hat unter anderem damit zu tun, dass Sprache und Kultur des alten Okzitanien sich nicht nach den heutigen Staatsgrenzen richten. Das Verbot im benachbarten Spanien hat die Besucherzahlen der Veranstaltungen in Frankreich, besonders in Béziers, steigen lassen. Die große Arena von Béziers stammt aus dem Jahr 1897. Die alljährliche Féria in der letzten Augustwoche ist seit 1968 das Ereignis für bis zu eine Million Menschen. Nicht alle kommen wegen der Stierkämpfe.

Adresse Arena: 1, Avenue Jean Constans, 34536 Béziers, Tel. +33 (0)4/67761345, www.arenes-beziers.com | **ÖPNV** Bus 4, A, Station Arènes-Piscine | **Anfahrt** D 28 | **Öffnungszeiten** Außer der Féria im August finden in der Arena Konzerte statt. | **Tipp** Der Süden ist Rugby-Land. Nur Boulekugeln sind hier rund, Bälle dagegen eiförmig. Der elfmalige Meister Béziers spielt zwar aktuell nur in der zweiten Liga, Heimspiele im Stade Raoul-Barrière (ehemals Stade de la Méditerranée) sind aber weiterhin ein Ereignis.

23 Die Filmkulisse

Die legendäre Verteidigungsanlage der Dame Carcas

Nottingham Castle in der Robin-Hood-Verfilmung mit Kevin Costner war kein britisches Schloss, es lag nicht mal in England: Es war Carcassonne. Auch das Schloss in Walt Disneys »Schneewittchen« ist der Stadt nachempfunden. Catherine Deneuve war hier Königin Anna und Katherine Hepburn Eleonore von Aquitanien. Jean Marais war ein stolzer Ritter und Peter O'Toole ein alter König. Bei Historienfilmen ist Carcassone als Kulisse konkurrenzlos. Ohne ihre Zinnen ist ein d'Artagnan unvorstellbar.

Kein Wunder: Die von einem doppelten Mauerring umgebene Altstadt ist weltweit ohnegleichen. Die Ringe sind drei Kilometer lang und mit insgesamt 52 Türmen bewehrt. Der Blick auf die imposante Cité ist schon von Weitem ein Ereignis. Nach der Restaurierung durch Eugène Viollet-le-Duc (1814–1879) ist Carcassone perfekt erhalten – und doch kein Freilichtmuseum. 229 Menschen wohnen in der Altstadt. Wälle und Befestigungsanlagen sind vollständig. Dazu führt der Pont Vieux mit einem Dutzend Bögen über die Aude auf die Mauern der Stadt zu. Zum Niederknien. Hinter den mächtigen Mauern wurde große Geschichte geschrieben: Der Frankenkönig Chlodwig war ebenso hier wie Pippin der Kurze, die Araber und der Schwarze Prinz. Carcassonne war erst Hauptstadt der Katharer und später Hauptsitz der Heiligen Inquisition.

Eine falsche Legende besagt: Stadtherrin zur Sarazenenzeit war die Dame Carcas. Als Karl der Große die Stadt belagerte, wollten die Einwohner vor Hunger aufgeben. Doch die Dame Carcas griff zur List: Sie ließ das letzte Schwein mit Mais stopfen und über die Brüstung werfen, wo es vor den ebenfalls hungernden Belagerern zerplatzte. Die glaubten, wer so mit Nahrung umgeht, müsse reichlich haben, und zogen demoralisiert ab. In ihrem Rücken hörten sie beim Abzug die Glocken läuten: *Carcas sonne*. Das Denkmal der Dame Carcas steht an der Porte Narbonnaise.

Adresse Porte de l'Aude: 30, Côte de la Cité, 11000 Carcassonne, Tel. +33 (0)4/68117070, www.remparts-carcassonne.fr | Anfahrt N 113, die Cité ist autofrei, Parkplätze sind ausgeschildert | Öffnungszeiten Cité: Okt.–März 9.30–17 Uhr, April–Sept. 10–18.30 Uhr | Tipp Im Sommer gilt: Kommen Sie früh. Es kann voll werden. Erst Burg und Wehranlagen besichtigen, dann die frei zugänglichen Teile der Stadt. Die beste Aussicht auf die gesamte Anlage bietet die Autobahnraststätte »Aire du Belvédère« auf der A 61.

24 Der Fliegerhorst

Von Saint-Exupéry und Toulouse-Lautrec

La Clape heißen die karstigen Hügel, die man vom Strand in Gruissan oder von Narbonne-Plage aus sieht. Die steilen, zerklüfteten Klippen sind mit dorniger Garrigue – einem Gestrüpp aus Sträuchern, Stechpalmen, Rosmarin, Lavendel und Wildblumen – bestanden, mit Pinienwäldchen und: mit Wein. Sehr gute Rote gedeihen im von Wind, Salz und Sonne geprägten Klima, und so ist La Clape auch eine eigene Appellation (AOC).

Nahe Salles-d'Aude liegen zwei Weingüter direkt nebeneinander, nur getrennt durch die D31. Sie werden oft verwechselt, denn beide tragen einen großen Namen: Château Céleyran und Château Pech-Céleyran Saint-Exupéry. Letzteres ist in der fünften Generation im Besitz der Familie des Autors des »Kleinen Prinzen«, mit 140 Millionen Exemplaren eines der meistverkauften Bücher der Welt. Die Etiketten der Weine, die seine Nachfahren produzieren, sind mit seinem Konterfei in Fliegermontur geschmückt. Und selbstverständlich erfährt man zwischen 100-jährigen Weinfässern vieles über den berühmten Schriftsteller, Flieger und Humanisten. Das Schloss bietet auch Zimmer zum Übernachten an. Antoine de Saint-Exupéry hat nie auf dem Schloss gelebt und ist auch nie von einem der Flugplätze der Region gestartet. Die Leidenschaft fürs Fliegen entdeckte er in Ambérieu-en-Bugey zwischen Lyon und Genf.

Wohl aber hat Henri de Toulouse-Lautrec (1864–1901) einen Teil seiner Jugend nebenan auf Schloss Céleyran verbracht und einige frühe Bilder nachweislich hier gemalt. Der großartige kleinwüchsige Maler ist allerdings nie geflogen, außer in Gedanken vielleicht. Kurzzeitig war das Schloss zudem im Besitz von Thérèse Humbert (1856–1918), einer berühmten Trickbetrügerin, deren Leben mit Simone Signoret in der Titelrolle verfilmt wurde. Zurzeit wird das durch einen Brand beschädigte Gut wiederaufgebaut. Und die Felsen von La Clape laden weiter ein, die Gedanken fliegen zu lassen.

Adresse Château Pech-Céleyran Saint-Exupéry: Le Pech, 11110 Salles-d'Aude, Tel. +33 (0)4/68335004, www.pech-celeyran.com | Anfahrt D 31 (den Schildern folgen) | Öffnungszeiten täglich 10–12.30 und 14–18 Uhr | Tipp Das beschauliche Städtchen Salles-d'Aude wartet mit einer echten Rarität auf: Die Uhr am Rathausturm besitzt ein 24-Stunden-Zifferblatt. Sie wurde 1912 von Monsieur Cretin-l'Ange, einem Uhrmacher aus Morbier, gefertigt. Höchst ungewöhnlich, aber die Zeit wird durchaus genau angegeben.

25 Die Flussschwinde

Das mehrstöckige Höhlensystem von Cabrespine

Am Ortsausgang von Cabrespine verschwindet plötzlich und unerwartet der Fluss Clamoux im Untergrund der Kalkberge, sehr zum Leidwesen der tiefer am Berghang liegenden Dörfer. Denn zehn Monate des Jahres ist die Clamoux ab dieser *barrenc* genannten Flussschwinde lediglich ein Bachbett voller Geröll, aber ohne Wasser. Von alters her erzählten die Menschen sich Geschichten: Ein Hund, der im *barrenc* verschwunden war, kehrte zurück, und vier Enten tauchten viele Kilometer entfernt bei Lastours wieder auf.

Ob das stimmt? Möglich, das weiß man heute, möglich wäre es. Denn hinter der Flussschwinde, unter dem Bett der Clamoux, liegt ein Märchenreich: ein gewaltiges Höhlensystem mit Wasserfällen und Teichen, dem unterirdischen Flusslauf und mehreren Etagen voller bizarrer Gesteinsformationen. Stalagmiten, Stalaktiten und Sinterwälle, dazu ungewöhnlich großen Kristalle aus Aragonit, die wie Diamanten funkeln. Die Säle leuchten in unterschiedlichen Farbtönen, und die Haupthöhle ist so riesig, dass in 200 Metern Höhe eine 20 Meter lange Plattform mit Glasboden in den freien Raum ragt. Beeindruckend, aber nur etwas für Schwindelfreie.

Und ja, Höhlentaucher haben die 17 Kilometer lange Querverbindung des Wasserlaufs zum Fluss Orbiel bei Lastours gefunden. Das war im Jahr 1968. Diesen gesamten Weg können Laien nicht komplett besichtigen, das meiste andere schon. Seit 1988 ist die Höhle bestens erschlossen und großenteils auch für Rollifahrer zugänglich. Zu geführten Kletter- und Tauchtouren durch das Höhlensystem muss man sich vorher anmelden.

Alle Versuche, die Clamoux umzuleiten (und davon gab es einige), blieben letztlich erfolglos. Der Fluss verschwand immer wieder, einziger Effekt war eine »Wanderung« der Flussschwinde. Aber die hätte es auch auf natürliche Weise gegeben, denn das Wasser hört nicht auf, sich immer weiter ins Gestein vorzuarbeiten.

Adresse Gouffre Géant de Cabrespine, 11160 Cabrespine, Tel. +33 (0)4/68261420, www.gouffre-de-cabrespine.com | **Anfahrt** D 112 von Villeneuve-Minervois | **Öffnungszeiten** täglich 10–12.30 und 14–18 Uhr, Juli–Aug. 10–19 Uhr | **Tipp** Das Midi ist Trüffel-Gegend. Der schwarze Tuber wurde hier schon immer gesucht und gegessen. In einigen Weilern finden in der Saison meist gut besuchte Trüffelmärkte statt, und Villeneuve-Minervois besitzt sogar ein Trüffel-Museum (32, Avenue du Jeu de Mail).

26 Die Freilichtbühne

Wie aus einem Fort ein Theater mit Meerblick wurde

Das feudale Frankreich fürchtete englische Angriffe immer und überall an seinen Küsten, auch am Mittelmeer. Nachdem im Juli 1710 eine englische Flotte vor Sète gekreuzt war, entwarf Antoine Niquet (1640–1726), Schüler des großen Festungsbaumeisters Vauban, für Sonnenkönig Ludwig XIV. zwei Forts zum Schutz des Hafens. Das südliche Fort Saint-Pierre, auf einer Felsspitze direkt am Wasser, wurde 1743–1746 als unregelmäßiges Sechseck gebaut. Die Batterien der Kanonen waren auf sieben Plattformen in einer Art Amphitheater auf das Meer und den Hafen ausgerichtet. Das Schwesterfort Richelieu liegt höher, auf dem Mont Saint-Clair.

Bis zur Revolution 1789 diente Fort Saint-Pierre als Kaserne und Militärbasis – und natürlich zum Schutz des Hafens. Während der Kriege zur Eroberung und Besetzung Algeriens ab 1830 wurde es zum Verlies für Kriegsgefangene, unter ihnen auch Abd el-Kader, Emir von Algerien und Führer des Widerstands. Im Ersten Weltkrieg war das Fort zunächst Hospital, dann Quarantänestation für Afrikarückkehrer. 1944 wurde es bei der Flucht der Deutschen Wehrmacht schwer beschädigt.

Der bekannte Theatermann Jean Vilar (1912–1971), in Sète geboren, erkannte das Potenzial des Orts und ließ ihn 1959/60 zur Freilichtbühne umbauen. Das Théâtre de la Mer war geboren. Unter freiem Himmel wurde von da an jeden Sommer großes Theater für jeweils 1.500 Zuschauer gegeben. Vilar und Jean Deschamps (1920–2007) brachten ihre Inszenierungen aus Avignon und Carcassonne zur Aufführung. Schon in den 1970er Jahren begann man das Theater auch mit Rock- und Popkonzerten zu bespielen. Große Namen haben bei »Fiest'A Sète« oder »Jazz à Sète« gespielt, von Rubén Blades bis Manu Dibango, von Jimmy Cliff bis Cesária Évora und Goran Bregović. Der Clou ist der Blick von den im Halbkreis errichteten Terrassen. Man schaut gleichzeitig auf Bühne und Meer.

Adresse Promenade Maréchal Leclerc, 34200 Sète, Tel. +33 (0)4/67434170, www.icisete.fr | **ÖPNV** Bus 3, Station Théâtre de la Mer, Bus 5, Station Cimetière Marin | **Anfahrt** D2 | **Öffnungszeiten** Juni–Sept. zu Konzerten | **Tipp** Seit Eröffnung des Hafens im Jahr 1666 findet in Sète immer am 25. August das große Fischerstechen »Les Joutes de la Saint-Louis« statt. Anlässlich dieses Ereignisses steht die Stadt eine Woche lang Kopf. Gefeiert wird mit Essen und Trinken, Musik und Tanz.

27 Die Fußgängerbrücke

Der Pont Vieux von Carcassonne

Seit 700 Jahren hält der Pont Vieux nun seinen Buckel hin für alle, die in Carcassonne von der Altstadt und Burg Cité in die Ville-Basse am anderen Ufer der Aude wollen – sofern es sich um Fußgänger handelt. Fahrzeuge sind schon lange nicht mehr erlaubt. Und um den Buckel der gut 200 Meter langen Brücke zu erkennen, bedarf es eines gewissen Abstands. Anders als die Seitenkrümmung ist der Höhenunterschied nicht sehr ausgeprägt. Jahrhundertelang war die gemauerte Brücke, deren Bau 1315 begonnen und 1320 abgeschlossen wurde, die einzige der Stadt. Erst über 500 Jahre später wurde eine zweite Flussquerung errichtet.

Einzigartig ist der Pont Vieux bis heute. Zwölf Bögen mit Stützweiten von 11,7 bis 14,5 Metern verbinden Alt- und Neustadt. Die beiden filigran geschwungenen Metallkonstruktionen über dem dritten und vierten Bogen repräsentieren ein gemauertes Stadttor, das im Mittelalter die beiden Stadtteile voneinander trennte. Mehr noch: Damals verlief hier zugleich die Grenze zwischen den Königreichen Frankreich und Aragón. Carcassonne, das waren zwei Städte. Ein 13. Bogen, auf der Seite der Cité neben der ehemaligen königlichen Wäschemanufaktur, ist im Rahmen der Umgestaltung der Rue Trivale planiert worden.

Die Brücke wurde mehrfach instand gesetzt und renoviert (1436 und 1559 ist alten Unterlagen zufolge je ein Bogen eingestürzt), aber im Wesentlichen steht sie seit 700 Jahren unverändert da. Kein Hochwasser hat sie umgerissen, selbst das berüchtigte vom 25. Oktober 1891 nicht. Da waren zwar die Bögen kaum mehr als solche erkennbar, das Wasser stand bis zu ihren Schlusssteinen, aber der Pont Vieux hielt. Auch weil er nicht mit allen Füßen im Wasser steht, sondern eine Insel im Fluss nutzt: eine architektonische Meisterleistung und schön dazu. Der Blick auf Brücke und Festung ist umwerfend. Zumal nachts, wenn die Bögen mit farbigem Licht angestrahlt werden.

Adresse Rue du Pont Vieux, 11000 Carcassonne | ÖPNV Bus 3, 4, 10, Station Pont Vieux, von dort 1 Kilometer zu Fuß | Anfahrt D 119, das Auto am besten im »Parking Espace Mitterrand« abstellen | Tipp Die kleine Kirche Notre-Dame-de-la-Santé am Brückenkopf in der Neustadt ist das letzte Relikt eines Pesthospitals. Dankestafeln im Inneren erinnern daran. Unbedingt anschauen sollte man auch die alte Markthalle in der Rue de Verdun, heute zur Mediathek umfunktioniert.

28 Das Geburtshaus

Charles Trenet und die Homophobie

Charles Trenet, geboren 1913 in Narbonne, war ein Star. Knapp 1.000 Lieder hat er komponiert und gesungen, in einem guten Dutzend Filmen agiert. Seine Chansons sind Gemeingut. »La Mer« kennt jeder, eine Feier ohne »Douce France« ist keine. Die Öffentlichkeit kannte den »Fou Chantant«, den verrückten Sänger, als stets lachenden blonden Sonnyboy. Andere Seiten wollte er nicht zeigen – und die Öffentlichkeit nicht sehen.

Dabei verliefen Leben und Karriere in Wellen, mal war er beliebt, mal verleumdet. Die Erziehung war bürgerlich, streng religiös und musisch zugleich. Die Eltern ließen sich scheiden. 1928 besuchte Charles seine Mutter in Berlin, lernte Kurt Weill kennen und den Jazz lieben. Zurück in Paris, begann er Chansons zu schreiben und wurde schnell sehr erfolgreich. Das Publikum liebte den fröhlichen Mann für »Je chante« (Ich singe) und »Y'a d'la joie« (Da ist Freude). Es übersah, dass »L'Espoir« (Die Hoffnung) eine Jazzfassung von »Le Temps de Cerises« ist, der Hymne der Pariser Kommune. Aber dass »Douce France«, 1941 vor Soldaten der Wehrmacht intoniert, eine offene Provokation war, das fiel doch auf. 1944 wurde Trenet als Jude denunziert, von der Gestapo verhaftet und gefoltert. Nach dem Krieg kam er vor Gericht: nun als angeblicher Kollaborateur. Hintergrund waren jeweils Gerüchte über seine Homosexualität, wie sehr Trenet sein Privatleben auch abschottete. Frankreich liebte seine Lieder, machte »La Mer« und »L'Âme des poètes« (Die Seele der Dichter) zu Megahits. Aber den Sänger selbst, den hielt es auf Abstand, erst recht, als der 1963 wegen homosexueller Handlungen angeklagt wurde. Den Linken war Trenet viel zu bürgerlich, den Konservativen zu schwul. Sein Geburtshaus ist heute Museum. Die Straße ihm zu Ehren in Avenue Charles Trenet umbenannt, die Hausnummer verändert zu seiner Lieblingszahl 13, vor dem Eingang eine Büste des großen Chansonniers.

Adresse 13, Avenue Charles Trenet, 11100 Narbonne, Tel. +33 (0)4/68903134, www.narbonne-tourisme.com/maison-natale-de-charles-trenet | ÖPNV Bus 8, Station Charles Trenet | Anfahrt D 607 | Öffnungszeiten Okt.–Mai täglich 10–12 und 14–17 Uhr, Juni–Sept. täglich 10–13 und 13.30–18 Uhr | Tipp Zwei große Murals, bemalte Hauswände, in der Nähe sind ebenfalls Trenet gewidmet. Am Quai de l'Escoute ein naives Bild des Chansonniers mit Hut und zwischen der Kathedrale Saint-Just-et-Saint-Pasteur und der Kapelle Pénitents Bleus sein Gedicht »L'Âme des poètes«.

29 Die Gedenkstätte(n)

Jean Jaurès und das geheime Gefängnis

Keine Stadt in Frankreich ohne einen Platz oder eine Avenue Jean Jaurès. Touristen können mit dem Namen meist nichts (mehr) anfangen. Vor dem Ersten Weltkrieg war das anders. Jean Jaurès, der Name hatte Klang und Bedeutung, nicht nur im eigenen Land: Mitbegründer der französischen Sozialisten, Gewerkschafter, Anführer der Minenarbeiterstreiks von Carmaux, Unterstützer des Aufstands der südfranzösischen Weinbauern, Kämpfer für die Rehabilitierung von Dreyfus, Gründer der »L'Humanité«, überzeugter Pazifist und vor allem ein begnadeter Redner. Seine Reden gegen den sich anbahnenden Weltkrieg fanden in ganz Europa Hunderttausende Zuhörer und Leser. Am 31. Juli 1914 wurde Jean Jaurès eben deshalb vor der Pariser »Taverne du Croissant« in der Rue Montmartre 146 von einem Nationalisten erschossen. Viele sagen, der erste Tote des Weltkriegs. Der Mörder wurde fünf Jahre später freigesprochen, die Kosten des Prozesses Madame Jaurès auferlegt.

All das dokumentiert das sehenswerte Museum in seinem Geburtshaus. Bilder, Plakate, viel Historie und die Erinnerung an eines seiner bekanntesten Worte: »Mut ist, nach der Wahrheit zu suchen und sie dann auch laut zu sagen.« Castres erinnert an seinen großen Sohn Jean Jaurès außerdem mit einer Statue auf dem nach ihm benannten Platz.

Aber ausgerechnet in Castres – in einem unscheinbaren dreistöckigen Haus in der Rue Émile Zola (Nummer 39) – unterhielten die Nazikollaborateure des Vichy-Regimes von 1941 – 1943 ein Gefängnis für Antifaschisten und Kämpfer der Résistance. Franz Dahlem, Reichstagsabgeordneter der KPD, saß hier ein, Luigi Longo, später Generalsekretär des PCI, der Dichter Rudolf Leonhard. Bekannt wurde das geheime Gefängnis durch einen spektakulären Ausbruch: Am 16. September 1943 organisierten die Interbrigadisten Ernst Priess und Heinz Buschmann die Flucht von 36 Häftlingen.

Adresse Centre National et Musée Jean Jaurès, 2, Place Pelisson, 81100 Castres, Tel. +33 (0)5/63624183, www.ville-castres.fr | ÖPNV Bus Libellus Chrono, Station Sabatié oder Zola | Anfahrt D 83 | Öffnungszeiten Di–So 10–12 und 14–18 Uhr (Okt.–März nur bis 17 Uhr) | Tipp Ein Muss für Kunstliebhaber ist das Musée Goya (1, Rue Hôtel de Ville). Die zweitgrößte Sammlung spanischer Malerei in Frankreich zeigt neben Goya auch Werke von Velázquez, Murillo und Francisco Pacheco.

30 Das Gestüt

Reiten im Lauragais

Frankreich ist ein Pferdeland. Jeder Ort, der ein bisschen auf sich hält, verfügt über eine Rennbahn, und Sieger des »Prix de l'Arc de Triomphe« in Paris-Longchamp gehen in die Legende ein – das gilt für Reiter und Pferde gleichermaßen. Der »Cadre Noir« in Saumur ist neben der Wiener Hofreitschule wohl die berühmteste Reitschule der Welt, die weißen Pferde der Camargue kennt auch jeder. Und ein Dorf ohne »PMU«, das Café für Pferdewetten, ist nachgerade unvorstellbar. Das gilt auch und ganz besonders im Süden. Wovon natürlich alle die profitieren, für die Ferien und Reiten gleichbedeutend sind, unabhängig davon, welche Art des Pferdesports sie bevorzugen. Viele gute Ställe bieten die gesamte Bandbreite. Es gibt Tausende Kilometer angelegter Reitwege, und die französische Reitervereinigung FFE vermittelt von mehrtägigen Trailritten bis zum Voltigieren oder der Turniervorbereitung im Springreiten so ziemlich alles.

Seit zwei Jahrzehnten führen Magali und Laurent Jeannel die »Crinière d'or« (die goldene Mähne). Der Stall liegt am Fuß der Montagne Noire, ein wenig südlich von Saint-Papoul, und ist ohne GPS nicht ganz leicht zu finden. Hier kann man neben diversen Reitkursen für sehr räsonable Preise geführte Touren, sogenannte *Randonnées,* ins schöne bergige Gelände buchen – je nach Lust und Laune stunden- oder auch tageweise. An die 30 Pferde und Ponys stehen zur Verfügung und natürlich auch Helme und das übrige Equipment. Im Hochsommer starten die Touren temperaturbedingt allerdings erst nach 16 Uhr. Alles andere wäre für Mensch und Pferd weder zumutbar noch gesund.

Die traumhaft gelegene »Domaine de Larivière« ist demgegenüber mehr auf das Training von Springreiten auf ethologischer, also verhaltenspsychologischer Basis ausgerichtet. Aber auch bei Geneviève Sans kann man längere Ausritte in die Landschaft buchen, unter anderem entlang des Canal du Midi.

Adresse La Crinière d'or: 40, Chemin de la Bretonne, 11400 Saint-Martin-Lalande, Tel:+33 (0)4/68948491, www.la-criniere-dor.ffe.com, Domaine de Larivière: La Riviérette, 11150 Pexiora, Tel. +33 (0)6/03351238, www.domaine-lariviere.fr | Anfahrt Chemin de la Bretonne: D 116, La Riviérette: D 33 | Öffnungszeiten Ausritte und Kurse nach vorheriger Vereinbarung | Tipp Ein Gestüt für die gedrungenen Mérens-Pferde, ausschließlich Rappen, die ganzjährig halbwild draußen leben, ist die »Domaine de Sié« nahe Mirepoix. Unter www.sie-merens.com kann man Besuchstermine vereinbaren.

31 Das Gottesurteil

Das Kloster Prouilhe und das Wunder von Fanjeaux

Die Region Malepère ist, wie der Name sagt, bekannt für steinige Böden und große Rotweine. Und für ihre Geschichte. Zum Beispiel in Fanjeaux, ehedem *Fanum Jovis*, Tempel des Jupiter. 2.000 Jahre ist der Ort mindestens bewohnt. Der römische Tempel wurde im Mittelalter durch ein Gebetshaus ersetzt. In Fanjeaux hatte sich der Katharer-Bischof Guilhalbert de Castres niedergelassen. Und: Hier gründete 1206 der spanische Adlige Domingo Nuñez de Guzmán ein Kloster. Domingo wird später als Dominikus heiliggesprochen. Das Kloster Prouilhe, gedacht für bekehrte Katharerinnen, ist Gründungsort des Dominikanerordens.

Mythisch aber ist der Ort für das »Feuerwunder«: 1207 wurde ein gelehrter Streit zwischen den Katharern und den Dominikanern ausgetragen (man kennt die Szene aus Ecos Roman »Der Name der Rose«). Dominikus sollte als Disputant des Papstes die Katharer als Ketzer entlarven. Nach Wochen der Diskussion sollte ein Gottesurteil entscheiden. Dominikus schrieb seine Thesen wider die Katharer auf ein Papier. Das warf man ins Feuer mit den Worten: »Wenn deine Argumente richtig sind, wird der Zettel nicht verbrennen.« Er verbrannte nicht. Darauf schrieben die Katharer ihre Argumente ebenfalls nieder und warfen auch ihr Papier ins Feuer. Zwei Mal sei es nicht verbrannt, um beim dritten Mal hochzufliegen und einen Deckenbalken zu entzünden. Die katholische Kirche wertete das als Zeichen für die alles verbrennende Kraft des Katharerglaubens und rechtfertigte so den folgenden Kreuzzug. Im Kreuzgang des ehemaligen Dominikanerklosters von Prouilhe soll sich das Wunder zugetragen haben. Der Balken ist noch heute einige Kilometer entfernt in der Kirche Notre-Dame de l'Assomption in der Rue Fanum Jovis in Fanjeaux ausgestellt.

Von Prouilhe aus schickte Dominikus seine Anhänger als Prediger in die Welt. Das heutige Nonnenkloster wurde 1850 komplett neu gebaut.

Adresse Kloster Prouilhe, Moniales Dominicaines, 11270 Fanjeaux, Tel. +33 (0)4/68112262, www.prouilhe.com | **Anfahrt** D 4 und D 119 | **Öffnungszeiten** täglich 9–17 Uhr | **Tipp** Fanjeaux birgt oft übersehene Schmuckstücke: die Markthalle vor der Mairie, umgeben von mittelalterlichen Häusern, ebenso wie das berühmte Rundkreuz auf der Straßenbrücke über die D 119. Der Weg zum Aussichtspunkt Seignadou macht die Tour perfekt.

32 Die Grotten

Niaux und Mas-d'Azil sind einzigartig

Das Département Ariège ist manchem nur wegen der Pyrenäenetappen der Tour de France ein Begriff, die hier alljährlich stattfinden. Es ist ein Paradies für Sportler aller Art. Aber für Neugierige und Entdecker hält es erst recht viel Spannendes bereit, vor allem Höhlen: einige besonders groß, andere von großer Bedeutung für die Geschichte der Menschheit.

Die Grotte von Mas d'Azil ist schon deshalb eine Rarität, weil man sie mit dem Auto durchfahren kann. Durch eine der gewaltigen Hallen – 480 Meter lang und bis zu 50 Meter hoch – führt die D 191 mitten hindurch. Das ist außergewöhnlich, wirkt letztlich aber fast wie ein »normaler« Tunnel. Es sei denn, man steigt aus und geht auf dem Bürgersteig neben dem Flüsschen Arize zurück in die Höhle. Das ist nicht nur erlaubt, sondern erwünscht. Die gewaltige Höhle war seit der Prähistorie bewohnt. Ritzungen und Zeichnungen, die davon zeugen, präsentiert ein Museum in der Grotte, dazu eine Multimediashow und rund 13.000 Jahre alte Artefakte wie Harpunenspitzen und bemalte Kieselsteine. Man kann zudem Wohnstätten des Magdalénien, der Periode 18.000 – 12.000 vor Christus, besichtigen.

Noch beeindruckendere Malereien aus dem Jungpaläolithikum gibt es im sogenannten Schwarzen Saal in der Grotte von Niaux. Zu sehen sind Wisente und Steinböcke, Pferde, Hirsche in großer Zahl. Die Bilderhöhle von Niaux ist für Gruppen bis zu 20 Personen zugänglich. Erforderlich ist nur eine Anmeldung, dann kann man im Rahmen einer Führung mit Grubenlampe auf dem Kopf hinein. Außerdem ist Wanderausrüstung nötig, und man sollte beachten, dass es in der Höhle zehn bis zwölf Grad kühl ist. Der Anblick der Wandbilder ist auf jeden Fall atemberaubend. Man erkennt, dass einige Bildnisse bunt gewesen sein müssen. Bekannt ist die Höhle seit circa 1600, wie Graffiti bezeugen. Ihre wahre Bedeutung trat aber erst zu Beginn des 20. Jahrhunderts zutage.

Adresse Grotte von Mas d'Azil: Avenue de la Grotte, 09290 Le Mas-d'Azil, Grotte de Niaux: 09400 Niaux, Tel. (für beide Höhlen) +33 (0)5/61051010 und 61055040, www.sites-touristiques-ariege.fr | Anfahrt D 119/D 8 | Öffnungszeiten täglich 10.45–12.30 und 13.30–16.30 Uhr | Tipp Für Kinder ein Traum: das Museum Parc de la Préhistoire bei Tarascon. Dort kann man leben wie in der Steinzeit, Speerwerfen üben, durch Wasserfälle laufen und dergleichen mehr. Es gibt Ticketpakete, die auch den Eintritt in die beiden (und weitere) Höhlen beinhalten.

33 Der Gutshof

Das Reißbrettdorf Saint-Rome

Direkt an der Schleuse von Laval wechselt man vom Kanal oder Radweg auf die winzige Straße (D 97) in Richtung Saint-Rome. Kein Hinweis auf eine Sehenswürdigkeit, kein Schild, eher ungewöhnlich in Frankreich. 300 Meter, und man kreuzt die Autobahn, zwei Kilometer weiter, und man sieht einen einsamen Gutshof: ein Herrenhaus mit kleinem Park, ein paar Häuser und Scheunen. Nichts Besonderes, denkt man, um sich dann verwundert die Augen zu reiben. Was ist das denn?

Zunächst einmal: Saint-Rome ist real und keine Fata Morgana! Eine der kleinsten Gemeinden in Frankreich, knapp 50 Einwohner. Aber die leben in sehr besonderen Gebäuden. Alles hätte man hier »auf dem platten Land« erwartet, das nicht. Die Häuser sind samt und sonders architektonische Unikate mit zum Teil reich geschmückten Fassaden, mal flämisch, mal eher orientalisch anmutend, dann wieder französischer Klassizismus neben barocken Verzierungen oder Giebelschnitzereien im russisch-skandinavischen Stil. Und das alles im Kleinformat, ein bisschen wie Puppenhäuser. Putzig, sehr außergewöhnlich und einfach nur schön.

In einer halben Stunde hat man von der einzigen Straße aus das ganze Dorf gesehen, mit Glück einen Plausch gehalten. Ein Café gibt es leider nicht. Errichtet hat den Ort Ende des 19. Jahrhunderts Comte Henri-Louis César de La Panouse, Besitzer eines landwirtschaftlichen Guts, für seine Verwalter, Knechte und Saisonarbeiter: Er wirkt wie eine auf dem Reißbrett entworfene Mustersiedlung, halb utopischer Zukunftstraum à la Thomas Morus, halb Arbeitersiedlung, wie sie von europäischen Industriebaronen gebaut wurden. In jedem Fall ohnegleichen. Jedes Haus ist eine Entdeckung für sich. Wer nicht durch das Minidorf spaziert, hat etwas verpasst. Und sei es nur die Mini-Mairie. Im Gutshaus leben die Nachfahren der Familie de La Panouse, im Dorf die der ehemaligen Bediensteten.

Adresse 31290 Saint-Rome, Tel. +33 (0)5/61277096 (Rathaus), www.mairedestrome@orange.fr | Anfahrt D 97 | Tipp Der zweistöckige Glockengiebel von Notre-Dame de l'Assomption in Villefranche-de-Lauragais ist doppelt so groß wie die eigentliche Kirche. Errichtet wurde er 1364 als Drohung an die Menschen, nicht zum Katharerglauben zurückzukehren.

34 Die Hauptstadt

Laurac Le Grand zählt 183 Einwohner

Ein Dorf auf der Kuppe eines Hügels schart sich eng um eine befestigte Wehrkirche. Sichere Belege für die Besiedlung stammen aus dem 8. Jahrhundert. Aber wahrscheinlich bauten schon in gallo-römischer Zeit Menschen ein erstes *castrum*. Der Ortsname Laurac dürfte sich von einem römischen Soldaten namens Laurus ableiten, der den Hügel als Legat bekam.

Teile der mittelalterlichen Stadtmauern sind erhalten und lassen erkennen, dass Laurac Le Grand nahezu rund ist. Nun sind runde Dörfer durchaus typisch für die Region, aber selten ist die Form so gut zu sehen wie hier. Was jedoch soll der Beiname Le Grand besagen? Ist es ein Witz, Selbstironie?

Nicht wirklich. Der Beiname war wichtig, um Laurac im Lauragais von Laurac an der Ardèche unterscheiden zu können. Laurac Le Grand war Hauptstadt der Grafschaft Lauragais, eine feste Burg der katharischen »Ketzer«. Darauf war man stolz und wollte nicht mit dem Ort in der Auvergne verwechselt werden. Im ehemaligen Schloss von Laurac herrschten die Grafen von Toulouse und ihre hochgebildeten Frauen, wie Blanche de Laurac und ihre Töchter, denen viel Minne gewidmet wurde. Erst Raimund VI. von Toulouse, Schwager von Richard Plantagenet, genannt Löwenherz, musste Laurac im Kampf gegen die Kreuzritter aufgeben. Ein Enkel, Bernard-Othon de Niort, erhielt Laurac später zurück. Als letzter Seigneur von Laurac führte er es zu einer neuen, kurzen Blüte. Er wurde 1243 von einem Inquisitionsgericht in Abwesenheit als Ketzer und Mörder verurteilt, allerdings 1260 rehabilitiert. Bis Ende des 14. Jahrhunderts blieb Laurac Le Grand Hauptstadt der Grafschaft Lauragais, und noch Katharina von Medici führte offiziell den Titel Gräfin von Lauragais.

Könnten Steine sprechen … Wahrscheinlich würden sie einfach alles für sich behalten. Heute ist Laurac ein verträumtes, autofreies Dorf in der Sonne des Midi.

Adresse 11270 Laurac Le Grand, Mairie: Tel. +33 (04)/68247651, commune.laurac@orange.fr | **Anfahrt** D 116 | **Tipp** Vom Hügel ganz oben hat man eine tolle Fernsicht nach Norden in die Montagne Noire und nach Süden bis zu den Pyrenäen. Gar nicht selten sieht man große Greifen – Geier wie Adler – am Himmel kreisen.

35 Die Hebebrücken

Sète, die Stadt im Meer

Sète liegt nicht am, sondern buchstäblich im Meer. Vom Stadtberg aus, dem Mont Saint-Clair – den schon Ptolemäus als »Berg Setion« kannte –, hat man die beste Sicht auf den Étang de Thau und die Austernbänke sowie auf Hafen und Meer und die von Kanälen durchzogene Stadt auf der Landzunge dazwischen. Und auch einen Blick auf die beweglichen Brücken von Sète.

Obwohl die Besiedlung von Sète weit in die Historie zurückreicht, entstand die eigentliche Stadt als direkte Folge des Canal du Midi. Sonst wäre sie ein Piratendorf geblieben. Kanalbauer Riquet brauchte einen Warenumschlagplatz mit Zugang zum Meer. Und König Ludwig XIV. wollte einen Exporthafen mit Reede. Et voilá: zwei Fliegen mit einer Klappe. Finanzminister Colbert beschaffte das Geld, 1664 wurde der Bauplan für Sète entworfen und 1666 die erste Steinmole Saint-Louis fertiggestellt. Faktisch ist Sète dreigeteilt: der »Canal Royal« trennt Hafen und Stadtzentrum, und im Süden separiert der zweite Durchstich vom Étang ins Mittelmeer die Stadt von den Stränden des zwölf Kilometer langen Lido.

Viel Wasser bedeutet: Brücken haben für Sète elementare Bedeutung. Doch auf einer Sandbank im Meer sind sie schnell zu niedrig, um großen Schiffen die Passage zu erlauben. Die wichtigen Brücken von Sète sind daher alle beweglich. Früher wurden fast alle angehoben. Die 430 Tonnen Stahl des Pont Sadi-Carnot sind heute klappbar. Nach nur zehn Monaten Bauzeit wurde die Brücke im Sommer 2019 wiedereröffnet. Die Eisenbahnbrücke Maréchal Foch ist ebenfalls eine Klappbrücke, während der Pont de la Gare gedreht wird. Die fünf verbliebenen Hebebrücken der Stadt wie den Pont de la Victoire nehmen Autofahrer kaum wahr, aber für Kapitäne sind sie extrem wichtig. Denn nur zu festgelegten Öffnungszeiten gelangt man per Boot in den Étang oder eben ins Meer. Autofahrer erkennen die beweglichen Brücken ganz einfach an den Bahnschranken davor.

Adresse Pont Sadi-Carnot: Quai de Bosc/D 2, 34200 Sète | **ÖPNV** Bus 2, 7, Station Sadi-Carnot oder Hauptbahnhof | **Anfahrt** D 2 | **Tipp** Mit der Buslinie 5 fährt man bequem hoch auf den 183 Meter hohen Mont Saint-Clair mit seinen zwei Aussichtsplattformen. Auch die Kapelle dort oben ist einen Besuch wert. Hinunter geht's dann über die mehr als 400 Stufen des Chemin de la Montmorencette.

36 Das Heimatmuseum

Ein altes Gefängnis und ein neuer Nutzen

Berühmt ist Castelnaudary für sein Hafenbecken »Le Grand Bassin«, für sein *cassoulet*, eine als Eintopf getarnte Kalorienbombe aus Bohnen, Enten-, Gänse- und Schweinefleisch, und drittens für die Fremdenlegion, die seit 1977 in Castelnaudary und Umgebung ihre Neulinge ausbildet. Kultur, Geschichte, Schönheit sind nicht die ersten Begriffe, die man hört, selbst wenn man mit *Chauriens* über ihre Stadt redet. Dabei ist es rund um das Bassin wirklich schön, und die Stadt bietet Geschichte und Geschichten, zum Beispiel die von »Le Présidial«.

Der Ortsname ist eine eigentümliche Mischung aus Okzitanisch (*castelnau-d'* – zu Deutsch »Neuburg aus«) und Baskisch (*harri* für »Stein«). Dieses »Neue Schloss aus Stein« wurde im Albigenserkreuzzug zerstört. Das Schleifen der Burg war Bestandteil des Vertrags von Paris vom 12. April 1229, eine Strafe für die Katharer des Lauragais. Auf und aus den Ruinen der Burg ließ 300 Jahre später Katharina von Medici, Fürstin des Lauragais und Regentin von Frankreich, ein zentrales Gerichts- und Gefängnisgebäude errichten. Von 1554 bis 1585 entstand dieser »Présidial« genannte Bau als Sitz ihres obersten Gerichtsbeamten, des *sénéchal judiciaire:* ein Macht ausstrahlender Klotz. So wie jene Zeit sich eben ein Gefängnis und ein Gericht vorstellte. Nach der Französischen Revolution verlor das Gericht seine Bedeutung, war nur noch für kleinere Delikte zuständig, aber das Gefängnis blieb bis 1926 in Betrieb. Dann stand der Komplex leer. Bis er umgenutzt und freundlicheren Zwecken zugeführt wurde. Das Gerichtsgebäude ist heute eine Grundschule, die Gefängniszellen – immer noch deutlich als solche zu erkennen – bieten dem Heimatmuseum der Region Platz. Neben jährlichen Wechselausstellungen wird erklärt, was ein echtes *cassoulet de Castelnaudary* ausmacht. Die Petrus-Kapelle im Ex-Gefängnis zeigt zwei wunderbare Reliquiarbüsten aus dem 18. Jahrhundert.

emons:
Entdecken fängt zu Hause an
JENNY MENZEL
111 ORTE FÜR KINDER IN DRESDEN DIE MAN GESEHEN HABEN MUSS
BERND IMGRUND
111 WHISKYS DIE MAN GETRUNKEN HABEN MUSS
JULIA TZSCHÄTZSCH
111 ORTE FÜR KINDER IN FRANKFURT DIE MAN GESEHEN HABEN MUSS
OLIVER SCHRÖTER
111 ORTE FÜR ECHTE MÄNNER DIE MAN GESEHEN HABEN MUSS
JENS DREISBACH
111 GINS DIE MAN GETRUNKEN HABEN MUSS
CHRISTINA BACHER
111 ORTE FÜR KINDER IN KÖLN DIE MAN GESEHEN HABEN MUSS
THOMAS FUCHS
111 DEUTSCHE BIERE DIE MAN GETRUNKEN HABEN MUSS
FRANZISKA LÖ
111 ORTE FÜR KINDER IN UND UM STUTTGART DIE MAN GESEHEN HABEN MUSS
CARSTEN HENN
111 DEUTSCHE WEINE DIE MAN GETRUNKEN HABEN MUSS
ISA GRÜTERING | NATASCHA KOROL
111 ORTE FÜR KINDER IN BERLIN DIE MAN GESEHEN HABEN MUSS

ISBN 978-3-7408-0571-5
€ D 16,95/€ A 17,50

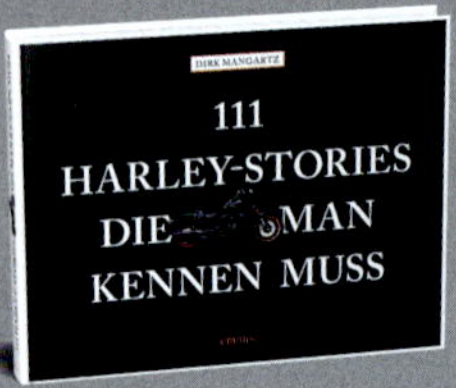

ISBN 978-3-7408-0939-3
€ D 25,00/€ A 25,70

ISBN 978-3-7408-0680-4
€ D 25,00/€ A 25,70

ISBN 978-3-7408-0735-1
€ D 16,95/€ A 17,50

UNSERE 111ER FÜR ECHTE MÄNNER

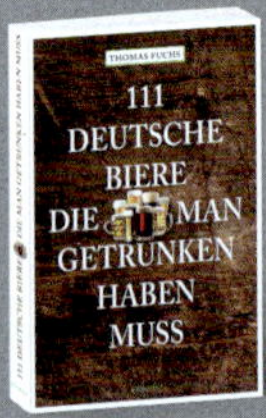

ISBN 978-3-95451-414-4
€ D 16,95/€ A 17,50

ISBN 978-3-95451-465-6
€ D 16,95/€ A 17,50

ISBN 978-3-7408-0242-4
€ D 16,95/€ A 17,50

ISBN 978-3-95451-912-5
€ D 25,00/€ A 25,70

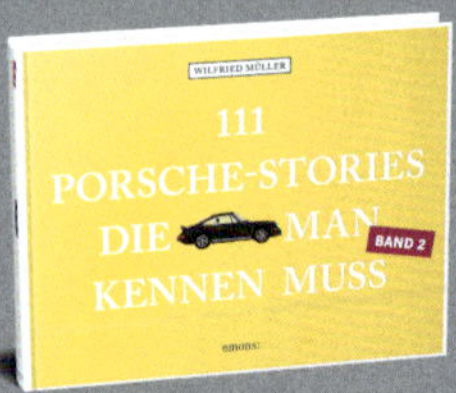

ISBN 978-3-7408-0938-6
€ D 25,00/€ A 25,70

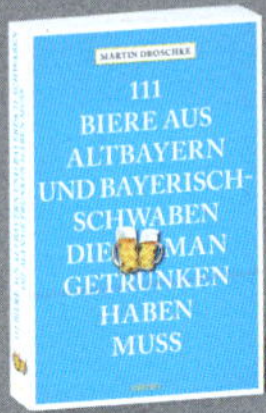

ISBN 978-3-7408-1069-6
€ D 16,95/€ A 17,50

Adresse Rampe du Présidial, 11400 Castelnaudary, Tel. +33 (0)4/68230042, www.ville-castelnaudary.fr | ÖPNV TER Toulouse – Narbonne, Station Gare de Castelnaudary | Anfahrt D1113 | Öffnungszeiten Juni – Sept. Mi – Mo 14.30 – 18.30 Uhr | Tipp Ein bisschen Glück braucht es, denn die winzige Kapelle Notre-Dame de Pitié in der Rue de l'Hôpital 16 ist selten geöffnet. Der Besuch lohnt aber wegen der zehn besonders kunstvoll geschnitzten Holztafeln, die die Passion Christi zeigen.

37 Der Hinkelstein

Der Menhir des Prats gehört hierher

Da steht er, ziemlich allein, mitten auf der Wiese. Mit seiner lichten Höhe von knapp vier Metern ist er aber nicht zu übersehen: der Menhir des Prats. Obwohl: Zuerst einmal muss man ihn finden. Zu erreichen ist der Hinkelstein nur über die D53 (Avenue Santa Maria, dann das zweite Sträßchen links, den kleinen Schildern folgen). Die Wiese gehört zur »Ferme des Prats« und liegt nahe am Flüsschen Thoré.

Der Menhir des Prats ist der größte seiner Art im weiten Umkreis. Anders als der Laie denken mag: Es gibt viele Menhire und Dolmen im Süden, über 100 im Département Tarn, weitere im Tal der Thoré. Dazu später. Der Menhir des Prats steht aufrecht, fast lotrecht. Er ragt 3,8 Meter aus der Erde, ist am Fuß 50 Zentimeter stark und gut einen Meter breit, besteht aus Granit und wiegt geschätzt 14,5 Tonnen. Sein Alter datieren Fachleute auf 10.000 vor Christus. Er scheint bearbeitet, so gleichmäßig ist die Rundung des Kopfes. Der aufgepflanzte Stein, der »Pèira Ficada«, wie der Menhir auch genannt wird, wirkt wie eine Statue im Rohzustand. Man beginnt unwillkürlich den Steinbruch von Obelix zu suchen. Natürlich ranken sich Legenden um den Menhir. Die Einheimischen, so heißt es, hielten Abstand zum Hinkelstein, aus Angst vor bösen Geistern. Er markiere das Grab eines Kriegers, der hier nach einer blutigen Schlacht beerdigt worden sei, sagen andere. Schauermärchen.

Eine schöne Legende dreht sich dagegen um die beiden Menhire »Les Deux Sœurs« (die zwei Schwestern), die 14 Kilometer entfernt in Lacabarède stehen, fast verborgen vom Ortseingangsschild an der D612. Die beiden Schwestern wanderten voneinander fort, heißt es. Erst wenn sie sich dereinst wiederträfen, ginge die Welt unter. Aktuell stehen sie 3,6 Meter auseinander. Bleibt die Frage, ob sie schon auf dem Rückweg sind. Sicherheitshalber hat man einen Betonklotz mit einem Kreuz zwischen sie gesetzt.

Adresse Menhir des Prats, 81200 Mazamet | Anfahrt D 53, in La Manottes links halten nach Ruisseau du Bäous, GPS 43°29'36'N, 2°25'17'E | Tipp Die Region Tarn beheimatet eine der größten Ansammlungen sogenannter Statuenmenhire: Die bearbeiteten Stelen aus der frühen Bronzezeit stellen menschliche Körper, Hände oder Waffen dar. In Murat-sur-Vèbre ist diesen besonderen Megalithen ein Museum gewidmet.

38 Die Höhlen

Wandern im Tal der Cesse bei Minerve

Hoch über den Flüssen Cesse und Brian gelegen, bildet ein schmaler Grat eine Art Insel in den Kalksteinschluchten. Darauf thront, wie aus dem Fels gehauen, Minerve. Nur eine Steinbrücke führt in schwindelnder Höhe über die Schlucht in die Stadt. Das ist so atemberaubend schön, dass Minerve in keinem Reiseführer fehlen darf. Aber zum Glück liegt der Ort ein wenig abseits der üblichen Routen. Zudem ist die Brücke für Autos gesperrt (Einwohner ausgenommen). Sonst wäre die Felsenstadt im Sommer wahrscheinlich völlig überlaufen. Wachsen kann Minerve schließlich nicht: Die Fläche auf dem Felsen ist ausgeschöpft.

Wer Minerve besucht, sollte unbedingt gute Wanderschuhe dabeihaben. Dann kann man den meisten Touristen entfliehen und den ausgeschilderten Abstieg ins Flussbett in Angriff nehmen. Uneben und anstrengend, aber ein Erlebnis. Die Cesse und der Brian haben sich Hunderte Meter tief in den Kalkstein gegraben und eine großartige Schluchtenlandschaft geschaffen. Da beide Flüsse nur drei bis fünf Monate im Jahr Wasser führen, ist das die meiste Zeit des Jahres ungefährlich. Von hier betrachtet, wirkt Minerve noch imposanter. Und das ist nicht alles. Von oben nicht einsehbar, erreicht man gegenüber der Stadt eine riesige Höhle. Genauer gesagt handelt es sich um einen Tunnel oder eine natürliche Brücke, genannt Grand Pont. Folgt man dem Flussbett weiter, kommt der etwas kleinere Petit Pont. Die Unsitte, »Steinmännchen« zu bauen, hat auch hier um sich gegriffen, sehr zum Leidwesen der heimischen Skorpione, Spinnen und Schlangen. Die können sich auch wehren. Man sollte es einfach sein lassen.

In früheren Zeiten wurde das Flussbett als Weg ins 35 Kilometer entfernte Narbonne genutzt. Es gibt Wanderwege durch die Schluchten. Touren sollte man allerdings aus Rücksicht auf die Natur und die eigene Gesundheit tunlichst bei einem lizenzierten Führer buchen.

Adresse Grand Pont Naturel, Office de Tourisme, 9, Rue des Martyrs, 34210 Minerve, Tel. +33 (0)4/68918143, www.minervois-caroux.com | **Anfahrt** D 10, D 607 | **Öffnungszeiten** immer zugänglich, außer die Cesse führt Wasser | **Tipp** Die romanische Kirche von Minerve, bekannt für ihren Altar aus weißem Marmor, wurde 456 geweiht. Ein Katapult (und eine Stele) erinnert an die Belagerung durch Simon de Montfort während des Katharerkreuzzugs. Ein solches Katapult zerstörte die Zisterne von Minerve. Vor Durst kapitulierten die Bewohner. 140 von ihnen wurden verbrannt.

39 Der Jüngling

Das Museum von Agde und die Unterwasserarchäologie

Es war ein Sonntag im Jahr 1964. Warum Jacky Fanjaud an diesem 13. September im Fluss Hérault und nicht im nahen Meer getaucht ist, konnte nicht einmal er selbst sagen. Auch nicht, warum ausgerechnet direkt vor der Kathedrale Saint-Étienne. Aber als Jacky auftauchte, da hielt er eine wissenschaftliche Sensation in seinen Händen: die Statue eines nackten Jünglings, 1,33 Meter groß, aus Bronze, griechisch, alt, aber ziemlich gut erhalten. Was anfangs nur Ahnung und Hoffnung war, sollte sich bei der Restaurierung bestätigen: Die Statue eines Epheben, eines jungen Mannes im wehrfähigen Alter, stammt aus dem 2. Jahrhundert vor Christus. Und sie ist hellenistisch. Mehr noch: Der Stil lehnt sich an den bedeutenden Lysipp(os) von Sikyon an, und das Gesicht des Jünglings zeigt mit großer Wahrscheinlichkeit die Züge von Alexander dem Großen.

Und das in Agde. Unglaublich. Okay, die Stadt wurde von den Griechen gegründet, aber 1964 gab es nicht einmal ein Museum, das eine derartige Kostbarkeit angemessen hätte präsentieren können. Der Jüngling kam daher für über 20 Jahre nach Paris in den Louvre. Erst 1987 wurde im frisch aus dem Boden gestampften Vergnügungsvorort Cap d'Agde ein neues Museum eröffnet. Auf der ehemaligen Farm »Mas de la Clape« baute der Architekt Jean Le Couteur das einzige Museum in Frankreich, das sich ausschließlich der Unterwasserarchäologie widmet. Dessen Prunkstück ist nun der nackte Jüngling.

Ende 2001 wurden im Meer zwei weitere Knabenstatuen gefunden: Römischen Ursprungs, stellen sie Cupido (Eros/Amor) und Cesarion dar. Auch sie haben neben vielen weiteren buchstäblich aufgetauchten Artefakten, von Amphoren bis zu Geschirr oder einem großartigen Apollon-Bodenmosaik, ihren Platz im Museum des Jünglings gefunden. Dessen Gesicht ziert unterdessen, ob als Foto oder stilisierte Linie, alle Publikationen der Stadt. Wer hat schon einen eigenen Alexander?

Adresse Musée de l'Éphèbe: Avenue des Hallebardes, 34300 Cap d'Agde, Tel. +33 (0)4/67946960, www.museecapdagde.com | ÖPNV Bus 3, 4, Station Musée Centre Cap | Anfahrt D 32E 10 Richtung Centre Port | Öffnungszeiten Okt.–Mai Mo–Fr 10–17.30 Uhr, Sa, So 10.30–17 Uhr, Juni–Sept. täglich 10–18.30 Uhr | Tipp Das Museum ist besonders toll für Kinder. Die interessieren sich meist mehr für die Kanonen, Anker und Amphoren und vor allem das Such- und Lernspiel auf dem Tablet. Das ist so gut gemacht, dass man es auch ohne Französischkenntnisse spielen kann.

40 Die Kadettenschule

Die Abtei Sorèze diente verschiedenen Herren

Gegründet wurde Sorèze als Benediktinerabtei. Das war im Jahr 754. Zwar nicht von König Pippin dem Kurzen persönlich, wie es oft heißt, aber doch unter seiner Schirmherrschaft. Die nächsten 900 Jahre erfuhr die Abtei dasselbe Schicksal wie viele im Midi: von Normannen geplündert und zerstört, Wiederaufbau, erneute Zerstörung während des Albigenserkreuzzugs, dito im Hundertjährigen Krieg. Ab 1638 erfolgte der letzte Neubau. 1682 wurde die Abtei ein Studienkolleg. Und zwar ein wichtiges, berühmt für die Qualität seiner Ausbildung und die fortschrittliche Lehrmethodik. So berühmt, dass Louis XVI. sie 1776 zur königlichen Kadettenschule erklärte. Generale, Admirale, ja Minister wurden in Sorèze erzogen. Im Hof sind ihre Namen in den Stein graviert.

Mit dem Tod von König Louis XVI. auf der Guillotine endete 1793 das Ancien Régime und auch der Status von Sorèze als königliche Militärschule: kein König, keine königliche Schule. Kadetten wurden weiter ausgebildet, aber das Institut wurde ein privates Internat. Die spartanischen Zellen der Schüler, unbeheizt und abends von außen verschlossen, kann man besichtigen. Schwer zu ahnen, dass die Schule als fortschrittlich galt. 1854 wurde Sorèze wieder Klosterschule. Henri Lacordaire gab sein Amt als Provinzial der Dominikaner in Rom auf und übernahm die Leitung der Schule. Das Credo des liberalen Predigers »Sorèze ist eine Schule, in der die Religion, die Literatur, die Wissenschaft und die Kunst sich die Zeit von jungen Männern teilen, mit dem Ziel, in ihnen die Fundamente der Menschlichkeit zu legen« liest man auf einer Tafel in der ehemaligen Aula, der »Salle des Illustres«.

Bis 1991 blieb die Abtei Schule und Internat, zuletzt auch für wenige Mädchen. Dann fand sich kein Schulträger mehr. Seit 2015 ist die Abtei Sorèze Museum für Teppichkunst des 20. Jahrhunderts, und auch die Schule kann seitdem wieder besichtigt werden.

Adresse Abbaye-École Sorèze: 1, Rue Saint-Martin, 81540 Sorèze, Tel. +33 (0)5/63508638, www.abbayeecoledesoreze.com | **Anfahrt** D 85 | **Öffnungszeiten** April–Sept. täglich 10–12.30 und 14–18 Uhr, Okt.–März täglich außer Di 14–17.30 Uhr | **Tipp** Sorèze ist typisch Midi: enge Gassen, Fachwerkhäuser, ein paar Arkadengänge, zwei wuchtige Kirchen. Die riesige Rotbuche bei der Kapelle Saint-Jammes de Bezaucelles ist offiziell der schönste Baum Frankreichs.

41 Das Kanalsystem

Ein mittelalterlicher Antrieb für 13 Mühlen

Es gibt Menschen, die besuchen Saissac nur, um bei guter Sicht den unvergleichlichen Ausblick zu fotografieren, der von oberhalb des Ortes über die Felsnase mit der riesigen Schlossruine bis zu den schneebedeckten Gipfeln der Pyrenäen reicht. Wenn es irgend geht, am besten mit einer kleinen Nebelbank vor der Ruine.

Nachvollziehbar, aber der Ort hat noch mehr zu bieten. Auch wenn sich das nicht auf den ersten Blick erschließt: Saissac ist eine Wasserstadt. Schon im Mittelalter bauten die Bewohner hier einen Kanal, der das Wasser der beiden Bäche Vernassone und Aiguebelle größtenteils durch den Ort leitete. Er heißt »Béal de Saissac«, auch »Béal des Treize Meuniers« (Kanal der 13 Müller) genannt. Auf einer Strecke von zwei Kilometern trieb der künstliche Wasserlauf Säge-, Walk- und Hammermühlen an, eine Papiermühle sowie Spinnereien. Zu Zeiten des Kanalbaus waren es wohl 13 Mühlenbetriebe. Das Besondere sind nicht Verträge aus dem Jahr 1658, die die Wassernutzung exakt regeln, sondern dass die Kanalstrecke nicht am Ortsrand verläuft, sondern mitten durch Saissac hindurch. Direkt am Parkplatz bei der Mairie, sogar unter dem Vorplatz, entlang der alten Gassen und der Reste der Ortsbefestigung führt der Béal um die Fundamente des Schlossbergs herum zurück zur Vernassone. Auch am Zusammenfluss stand ehedem eine Mühle. Bis ins 19. Jahrhundert sicherte der Kanal die Energieversorgung zahlreicher Handwerksbetriebe. Auch wenn es heute nur noch wenige Spuren gibt, es gab eine Zeit, da galt Saissac als industriell fortgeschritten und reich. Das »Hôtel des Saptes« legt durch seine schiere Größe noch Zeugnis davon ab. Der Kanal existiert nach wie vor, dient aber nur noch der Bewässerung von Gärten.

Apropos Wasser: Im kleinen Saissac findet man auf einem kurzen Spaziergang zwei *lavoirs*, öffentliche und offene Häuser zum Wäschewaschen, sowie mehrere schöne Brunnen.

Adresse Place de la Mairie, 11310 Saissac, Tel. +33 (04)/68766490, www.tourisme-montagnenoir.com | Anfahrt D 629 | Tipp In der Sackgasse Impasse de Moulin, wo auch sonst, ist eine Mühle tatsächlich noch in Betrieb. Direkt dahinter, etwas abseits vom Weg zur Schlossruine, stürzt der Béal als Wasserfall den Abhang hinab.

42 Die Karnevalshochburg

In Limoux feiert man eigentlich immer

Immer wieder wird versucht, den Karneval von Rio mit dem von Köln oder Venedig zu vergleichen. Das macht wenig Sinn: Sie sind zu verschieden. Und auch der Karneval von Limoux ist einzigartig. Zweifelsohne ist er mit einer Dauer von drei Monaten der längste weltweit. Er beginnt 13 Wochen vor Palmsonntag, immer um elf Uhr mit dem Umzug der Müller, und endet zwölf Wochen später mit der »Nuit de la Blanquette«, einer Riesenfete, bei der ordentlich dem hiesigen Schaumwein zugesprochen wird, der als der älteste der Welt gilt. Der Karneval von Limoux folgt einerseits strikten Regeln und ist andererseits ziemlich anarchisch und das genaue Gegenteil einer Parade.

Elf Wochen findet der Karneval ausschließlich samstags und sonntags statt. Jeder Tag ist einer bestimmten Gruppe, einer *bande des fécos,* zugeordnet. Erst am vorletzten Sonntag sind alle Karnevalisten gemeinsam auf der Straße. Wer welcher Gruppe angehört, ist Familientradition. Sicher ist: Eine Samstagsgruppe tritt nur am Samstag in Aktion, und das auch nur am »eigenen«. Dafür dann dreimal: um Punkt elf, um 16.30 und abends um 22 Uhr. Der morgendliche Umzug karikiert ein aktuelles politisches Thema, zu dem die Akteure entsprechend kostümiert sind. Nachmittags tragen die *fécos* das traditionelle Kostüm ihrer *bande*, meist Variationen eines der Commedia dell'arte entlehnten Pierrots, und folgen im schaukelnden Tanz – jeder für sich – ihrer Musikgruppe. Die Gesichtsmasken werden nicht abgelegt, auch abends nicht, wenn der Zug mit Fackelbeleuchtung stattfindet. Wer keiner Gruppe angehört, kostümiert sich, wie er will, und tanzt mit. Den *goudil* geben nennen das die Limouxins. Das Treiben findet nur auf der Place de la République im Zentrum statt. Am letzten Sonntag wird eine Strohpuppe – ähnlich dem Kölner Nubbel – als Prinz Karneval verbrannt. Seit 2009 feiert man am vorletzten Samstag einen »Carnaval du monde«.

Adresse Place de la République, 11300 Limoux, Tel. +33 (0)4/68310116, www.limoux.fr | Anfahrt D 118, D 623 | Tipp Auch außerhalb der Karnevalszeit lockt Limoux mit Attraktionen. So gibt es zwei kleine, ausgesprochen nette Museen: das Automatenmuseum in der Rue Anne-Marie Javouhey und das Pianomuseum in der ehemaligen Kirche Saint-Jacques.

43 Das Kloster

Die ehrwürdige Abtei Valmagne ist heute Weinkeller

Valmagne ist eine der schönsten und berühmtesten Abteien Frankreichs. Und eine der ungewöhnlichsten: Sie werden staunen.

1139 wurde Valmagne als Benediktinerabtei unweit der römischen Via Domitia gegründet, schloss sich aber nur sechs Jahre später den Zisterziensern an. Das Kloster gelangte durch umfangreiche Schenkungen und seine Lage an der südlichsten Pilgerroute des Jakobswegs, der Via Tolosana, schnell zu enormem Reichtum. Nach 100 Jahren wurde die romanische Kirche durch einen imposanten gotischen Neubau ersetzt, den ersten seiner Art in Südfrankreich. Mitte des 12. Jahrhunderts brach die Pilgerbewegung zusammen. Aber dafür begann der Ablasshandel. Und Valmagne wurde noch reicher. Aus dieser Zeit stammt das zauberhafte achteckige Brunnenhaus im Kreuzgang. Die Religionskriege verheerten die Gegend und verschonten auch Valmagne nicht. 1635 wurden, um die Kathedrale überhaupt zu erhalten, sämtliche Fenster bis auf zwei zugemauert. Auf den Niedergang folgte die erneute Blüte. Unter Abt Pierre de Bonzi, Vertrauter des Sonnenkönigs Louis XIV. und Beichtvater von Maria-Theresia, wuchs die Zahl der Mönche auf 300 und das Vermögen ins Unermessliche. Nur mit den religiösen Tugenden wie Demut und Keuschheit nahm man es nicht sehr genau.

Im Zuge der Revolution ging Valmagne samt Ländereien in Staatseigentum über, wurde aber bereits 1791 für 130.000 Pfund an einen Monsieur Granier verkauft. Das Kloster wurde Weingut. Granier ließ in die Seitenflügel der Kathedrale riesige Fässer aus russischer Eiche einbauen. Gut 400 Hektoliter fassen einige, so viel wie ein mittelgroßer Swimmingpool. Man musste sogar das Mauerwerk bearbeiten, um die Fässer hineinzuzwingen. Ein Gotteshaus als Spirituosenlager. Im Jahr 1838 übernahm die Familie Gaudart d'Allaines das Gut. Man kann das gesamte Kloster besichtigen und in der leeren Kathedrale an den Fässern vorbeiflanieren. Manche sagen: Das passt zum Midi.

Adresse Abbaye de Valmagne, Route de Montagnac, 34560 Villeveyrac, Tel. +33 (0)4/67780609, www.valmagne.com | **Anfahrt** D 5, D 161 | **Öffnungszeiten** Okt.–April Di–Sa 14–18 Uhr, So 10–18 Uhr, Mai–Sept. Di–So 10–19 Uhr | **Tipp** Schon die Mönche von Valmagne haben Wein gekeltert, die Tradition ist mithin fast 900 Jahre alt. Die jetzigen Besitzer, die Familie d'Allaines, gelten als Pioniere des biologischen Weinbaus.

44 Der Klettersteig

Ein Spaß für Alpinisten und solche, die es werden wollen

Eines vorweg: Die Via ferrata de Malamort ist sicher kein für Kleinkinder geeigneter Spielplatz. Es handelt sich um eine echte Kletterpartie, draußen im Fels. Ohne Handschuhe, Helm und Alpinsicherungen geht hier gar nichts. Andererseits ist der Parcours (Level K2) auch für sportlich trainierte Einsteiger zu schaffen, wenn man größer als 1,40 Meter und nicht übertrieben ängstlich ist. Die zehnjährige Lila aus Toulouse (Foto) schafft es an der Seite ihres Vaters gut, obwohl sie nicht ganz schwindelfrei ist.

Auf einer festgelegten Route, durch Seile gesichert und auf vorbereiteten Tritten oder Strickleitern, geht es senkrechte Felswände hoch und wieder runter. Dabei werden Flussläufe und Kaskaden überquert, mal auf schwankenden Pontonbrücken, mal auf einer sogenannten tibetanischen Brücke (das sind zwei Stahlseile: das untere, um darauf zu laufen, das zweite, um sich mit den Händen festzuhalten) oder auf Tiroler Rutschen frei im Sitzgeschirr hängend. Da geht es am Stahlseil 45 Meter abwärts. Ein großer Spaß – nur ängstlich sollte man eben nicht sein. Die beschriebene Route dauert circa eine Stunde. Eine zweite Strecke mit höherem Schwierigkeitsgrad (K3) ist für Fortgeschrittene konzipiert. Das Benutzen der Strecken ist gratis! Das Nutzen aller Sicherungen zwingend vorgeschrieben! Seile, Helme, Sitzgeschirr und Karabinerhaken, eben alles, was dazugehört, kann man im »Café Le Cyrano« in Durfort gegen Gebühr leihen. Anfängern wird dringend empfohlen, sich nicht allein auf den Parcours und damit in Gefahr zu begeben, sondern sich einem professionellen Führer anzuvertrauen. Über das Office de Tourisme finden Sie den Bergführer Ihrer Wahl und vor allem auch Ihrer Sprache. Vor Ort werden die meisten dann eh feststellen, dass sie Hilfe gut gebrauchen können. Vom kleinen Parkplatz führt ein ausgeschilderter Weg zehn Minuten ziemlich steil bergan zum Startpunkt des Abenteuers.

Adresse Via ferrata de Malamort, 81540 Durfort, Ausrüstung gegen Gebühr: Café Le Cyrano, Office de Tourisme: Tel. +33 (0)6/79139573 | **Anfahrt** D 44, ausgeschildert ab Parkplatz Malamort, von dort 10 Minuten zu Fuß | **Tipp** Rund um Durfort finden sich mehrere angelegte Strecken für Mountainbiker (in Frankreich VTT genannt) mit unterschiedlichem Schwierigkeitsgrad und einer Länge von 20 bis 60 Kilometern. Einen weiteren Klettersteig gibt es bei Saint-Paul-de-Fenouillet.

45 Die Kollegiatkirche

Saint-Félix-Lauragais liegt im Schlaraffenland

Fährt man im Sommer durch nicht enden wollende Felder blühender Sonnenblumen auf Saint-Félix-Lauragais zu, bekommt man eine Ahnung, warum das Lauragais auch »Pays de Cocagne« (Schlaraffenland) genannt wird. Selbst wenn sich der Name tatsächlich von der okzitanischen Bezeichnung für die kugelförmigen Ballen des Färberwaids ableitet, die Schönheit der Landschaft wäre ebenfalls ein guter Grund.

Der 40 Meter hohe Turm der Kollegiat- oder Stiftskirche von Saint-Félix ist bereits von Weitem zu sehen: ein zweistöckiger, achteckiger Glockenturm mit einer Spitzhaube, der auf einen viereckigen Unterbau gesetzt ist. Der wuchtige Turm steht, eher ungewöhnlich, fast mittig an der Nordseite der Kirche und ist zugleich ihr Eingang. Im Kircheninneren fällt zunächst deren Farbigkeit auf. Auf den zweiten Blick beeindrucken die unerwartet prächtig bemalten Decken, ob nun im Chor oder im Kirchenschiff.

Und dann schließlich die Orgel. Gebaut wurde sie 1779 bis 1781 von Grégoire Rabiny, geboren in Augsburg und Mitglied der berühmten Orgelbaudynastie Riepp-Rabiny-Callinet. Das Instrument in Saint-Félix-Lauragais auf der eigens dafür gebauten Empore an der Westwand gilt als die besterhaltene Rabiny-Orgel. Ihre 2.207 Pfeifen aus Zinn und Eichenholz sind weitestgehend im Originalzustand und werden auf drei Manualen und einem Pedal mit 32 Registern bespielt. Bei mehreren Restaurationen wurde offensichtlich großer Wert darauf gelegt, den Originalzustand zu erhalten. Selbst das Windwerk wurde erst 1996 behutsam mechanisiert. Bis dahin wurden die Blasebälge tatsächlich noch per Hand beziehungsweise Fuß bedient. Das barocke Instrument ist optisch wie akustisch höchst beeindruckend.

Zu den alljährlichen Sommerkonzerten kommen Organisten aus der ganzen Welt. Nicht extra anreisen musste der Komponist Déodat de Séverac, der nur fünf Häuser weiter geboren wurde.

Adresse 16, Rue Déodat de Séverac, 31540 Saint-Félix-Lauragais, www.festival-deodoat-de-severac.fr | Anfahrt D 67 | Öffnungszeiten die Kirche ist jederzeit zugänglich | Tipp Der Ortskern um die Markthalle aus Holz ist ein wahres Schmuckstück. Seit 1972 feiert man hier Ostern mit der »Fête historique de la Cocagne«, einer Mischung aus Mittelalter-, Dorf- und Jazzfest, mit Defilees von Hunderten Menschen in historischen Kostümen.

46 Die Kreuzrippen

Das Kirchenschiff von Saint-Maurice de Mirepoix

Mirepoix heute, das sind gut 3.000 Menschen, Bürger eines kleinen, aber besonders hübschen mittelalterlichen Wehrdorfs. Auffallend: der schon von Weitem sichtbare mächtige Kirchenkomplex aus Sandstein im Zentrum. Mirepoix war nie größer, aber im späten Mittelalter sehr viel wichtiger. Mit der Bulle »Salvator Noster« erklärte Papst Johannes XXII. Mirepoix am 26. September 1317 zum Bischofssitz. Fast 500 Jahre, bis zum Konkordat von 1801, blieb Mirepoix Bistum. Davon zeugen heute die Kathedrale Saint-Maurice und der klotzige Bischofspalast, in dem das Heimatmuseum untergebracht ist.

Der Grundstein der Kathedrale wurde 1298 gelegt, der Bau begann aber erst 1343, um schon fünf Jahre später unterbrochen zu werden. Das Land wurde vom Schwarzen Tod heimgesucht. Es folgte der Hundertjährige Krieg, und so ließ erst Bischof Philippe de Lévis zu Beginn des 16. Jahrhunderts ernsthaft weiterbauen. Der 60 Meter hohe Glockenturm wurde 1506 fertiggestellt. Im selben Jahr wurde die Kathedrale auch geweiht. Ihre Kreuzrippen tragen ein einschiffiges Langhaus von 21,40 Meter Breite. Es ist das bei Weitem ausladendste in ganz Frankreich, eine Meisterleistung der Architektur und Statik. Die Schlusssteine werden dem Meister von Rieux, einem berühmten Bildhauer der Gotik, zugeschrieben. In Saint-Maurice sind Kopien eingesetzt, die Originale kann man im Musée des Augustins in Toulouse bewundern. Ihr heutiges Aussehen verdankt die Kathedrale einer umfangreichen Renovierung – fast ein Neubau – 1858/1859 durch Prosper Mérimée und Eugène Viollet-le-Duc. Trotz Stilmix aus Romanik, Gotik und Renaissance wirkt die gewaltige Kirche stimmig. Bemerkenswert sind die 1952 wiederentdeckte Renaissance-Tür, eingebaut von Philippe-de-Lévis, und das Labyrinth im Boden seiner Kapelle, ein Symbol für den Weg zur Einkehr und das letzte fertiggestellte seiner Art in einem Kirchenbau.

Adresse Rue Maréchal Clauzel, 09500 Mirepoix, Tel. +33 (0)5/61688376, www.tourisme-mirepoix.com | **Anfahrt** D 119 | **Öffnungszeiten** jederzeit zugänglich | **Tipp** Entdecken Sie die kleine Stadt zu Fuß, zum Beispiel wenn sie mit ihrem Charme die Kulisse für das Marionettenfestival (1. Augustwoche), das Mittelalterfest im Juli oder das Apfelfest im Oktober bietet.

47 Die Kreuzung

Die Römer hinterließen Straßen und Keller

Narbonne ist Römerstadt am Knotenpunkt dreier wichtiger Straßen: Nach Nordosten Richtung Italien führte die Via Domitia, nach Süden verlief sie als Via Augusta weiter über Barcelona bis Sevilla und Cádiz, und nach Westen knickte die Via Aquitania über Carcassone nach Bordeaux ab. Und dazu ein Hafen am Mittelmeer. Hier bündelte sich Roms wirtschaftliche Macht, hier wurden die Tribute aus den Kolonien gesammelt. Colonia Narbo Martius wurde 118 vor Christus als erste römische Kolonie außerhalb Italiens gegründet.

Viel ist nach über 2.000 Jahren von den Wurzeln der Stadt nicht erhalten geblieben. Was Wunder. Manches wird aber neuerdings wiederentdeckt und wertgeschätzt. Im Februar 1997 legten Bauarbeiter direkt vor dem Rathaus rein zufällig ein Stück der Via Domitia frei. Heute ist es Denkmal und angesagter Treffpunkt für Einheimische wie Touristen. Besonders Kinder lieben es, die Stufen hinabzusteigen und die Spurrillen in den großen Basaltsteinen zu erforschen. Eins ist klar: Bequem kann das Reisen auf solchen Straßen nicht gewesen sein.

Noch spannender ist das römische Horreum: eine unterirdische Galerie aus Gängen und Kammern, vor 2.000 Jahren Teil einer erheblich größeren Anlage mit Marktplatz und Speichern. Der sogenannte Kryptoportikus fungierte schon damals nur als Keller und Fundament für die Hallen darüber. Man ahnt, wie wichtig und bedeutend eine Stadt gewesen sein muss, die Bedarf an so ausgedehnten Lagerflächen hatte. Und man sieht, was die Baumeister jener Zeit alles konnten. Von deren enormem Können zeugt auch eine Ausgrabungsstätte nahe dem Bahnhof. Archäologen legen hier auf einem 1.000 Quadratmeter großen Areal namens »Clos de la Lombarde« römische Häuser samt Gärten, Thermen, Mosaiken und Fresken frei. Einzigartig. Die Wissenschaftler bieten gegen eine Spende auch Führungen an und erklären ihre Entdeckungen, und das sogar auf Deutsch.

Adresse Horreum: 7, Rue Rouget de l'Isle, 11100 Narbonne, Tel. +33 (0)4/68903134, Clos de la Lombarde: 26, Rue Chanzy, 11100 Narbonne, Tel. +33 (0)4/68655037 | ÖPNV kostenloser Shuttle-Bus La Citadine 1, Via Domitia: Station Hôtel de Ville; Horreum und Clos de la Lombarde: Station Cathédrale | Anfahrt A 9 (La Languedocienne), Ausfahrt Centre Ville | Öffnungszeiten Clos de la Lombarde: Juli und Aug. Mi und Sa 9–12 Uhr und nach Vereinbarung | Tipp Direkt neben einer schönen Markthalle steht die ursprünglich romanische und im 13. Jahrhundert in gotischem Stil wiederaufgebaute Kirche Notre-Dame de Lamourguier. Eine Plakette erinnert daran, dass die 1572 als Gotteshaus aufgegebene Kirche im März 1871 kurzzeitig Sitz der revolutionären Commune war.

48 Der Kuchen

Ein kreisrundes Feld und eine alte Kooperative

Den Turm von Montady sieht man schon von Weitem. 20 Meter hoch, steht er auf einem Hügel, dem Pech de Montady. Im 12. Jahrhundert errichtet, war er wohl immer Solitär, auch als er noch zu einem 1846 abgerissenen Fort gehörte. Es lohnt sich, den Pech zu besteigen. Nicht unbedingt wegen des Turms. Nein, das Beste ist der Blick von hier auf den »Gâteau du Roi«.

»Kuchen des Königs« lautet der Spitzname des Étang de Montady, und den kann man eben nur aus der Luft oder von diesem Hügel aus richtig sehen. *Étang* (Teich) stimmt, es handelt sich um einen ehemaligen Binnensee, genauer eine flache Brackwasserlagune, die einst zur Salzgewinnung genutzt wurde. Vor allem war der See Brutstätte für Mücken und Insekten aller Art, ein 400 Hektar großer Krankheitserreger. Deshalb gestattete der Bischof von Narbonne den Besitzern vor knapp 800 Jahren, am 13. Februar 1247, den See trockenzulegen. Und von oben kann man bis heute erkennen, was die Bauern damals gemacht haben. Sie legten von 1250 bis 1270 sternförmig Entwässerungsgräben an, die alle auf einen Ring in der Mitte, die tiefste Stelle des Sees, zuliefen. Von dort wurde das Wasser per Kanal in den Nachbar-Étang abgeleitet. Der Schlamm war ausgesprochen fruchtbar, sodass guter Ackerboden gewonnen wurde. Die Sternstruktur der Gräben teilt den runden See in Parzellen. Da sie auch später zur Bewässerung der Felder genutzt wurden, sind sie deutlich erkennbar und lassen das Feld aussehen wie eine Torte. Mit einem Durchmesser von 2,5 Kilometern ist der »Kuchen« so groß, dass er nur einem König gehören kann, daher der Name. Tatsächlich ist das Feld seit der Trockenlegung im Besitz einer Kooperative. Die Parzellen sind Familien zugeschrieben, werden aber gemeinschaftlich bewirtschaftet. Eine schöne Geschichte über Gemeinsinn. Anders hätte 1270 auch niemand einen 1.300 Meter langen Tunnel graben können, um das Wasser abzuleiten.

Adresse Tour de Montady, Rue de la Tour, 34310 Montady | **Anfahrt** N 113/D 162 | **Tipp** Auf dem Hügel gegenüber liegt das »Oppidum d'Ensérune«, eine keltische Siedlung aus der Eisenzeit. Das dazugehörige Museum zeigt die größten Sammlungen attischer Vasen und eisenzeitlicher Grabbeilagen in Frankreich. Man überblickt den Étang, den Kanal und außerdem ein Stück der Via Domitia (www.enserune.fr).

49 Die Kulisse

Baden mit Aussicht im Orbieu

Wenn im August das Thermometer schon mal locker auf 40 Grad steigt, die Sonne des Midi sich von ihrer unbarmherzigen Seite zeigt und so mancher Strandurlauber langsam zum Hummer mutiert, dann zieht es die Einheimischen in die Berge. Denn hier weht immer ein leichter Wind. Es ist insgesamt ein wenig kühler, mithin besser auszuhalten. Und gut essen kann man auf dem Land eh meist besser als in den Städten.

Aber auch in den Bergen der Corbières bleibt es so heiß, dass man etwas Abkühlung selbst dann gebrauchen kann, wenn man sich möglichst wenig bewegt. Genau zu diesem Zweck wird in Lagrasse jeden Sommer der Orbieu aufgestaut. Der Fluss wird zur Badeanstalt mitten im Ort. Das Wasser kommt ordentlich kalt aus den Höhen der Pyrenäen. Aber da die Sonne die Felsen aufgeheizt hat und das Wasser sich darauf schnell aufwärmt, schon weil es nicht allzu tief ist, ist die Temperatur meist exakt so, wie man es gern hätte: kühl genug, um den gewünschten Effekt zu erzielen, aber nicht so, dass man schnattern müsste.

Und dann dieser Blick: Die Beine im Wasser, rechts und links ragen die Bruchsteinmauern von Lagrasse steil nach oben, und man schaut durch den Bogen des Pont Vieux, der alten Brücke aus dem Jahr 1303, direkt in die Berge. Noch schöner geht kaum. Selbst Kulissenmaler, ob aus Holly- oder Bollywood, würden sich kaum trauen, das zu inszenieren, so kitschig kann das wirken. Und weil Lagrasse zwar reich an Schönem, aber arm an Einwohnern ist, wird es nie wirklich voll. Wer weiß, dass man hier gut baden und dabei eine traumhafte Aussicht genießen kann, der findet für sich und den mitgebrachten Picknickkorb sicher ein lauschiges Plätzchen.

Natürlich kann man sich auch in Lagrasse selbst gut verpflegen. Großer Beliebtheit erfreut sich auch das »Café littéraire« im Innenhof der Abtei.

Adresse Chemin de la Tour/Rivage d'Orbieu, 11220 Lagrasse | Anfahrt D 3/D 41 | Öffnungszeiten nur im Sommer | Tipp In Mayronnes gibt es einen circa fünf Kilometer langen Wanderweg der besonderen Art: Der Sentier Sculpturel präsentiert rund 30 moderne Kunstwerke mitten in der Natur. Und noch dazu umsonst. Aber Achtung: Wenn Mitte August die Jagdsaison beginnt, wird empfohlen, nachmittags zu gehen!

50 Die Kupferschmiede

In Durfort regiert (wieder) die Handarbeit

Noch 250 Einwohner zählt Durfort, und doch ist das Dörfchen am Fluss Sor eine Berühmtheit. Alle Köche des Südens suchen den Ort regelmäßig auf, zumindest virtuell im Netz, um hier einzukaufen. Denn Durfort ist die »Hauptstadt des Kupfers«. Hier kauft man Pfannen, Kasserollen und Töpfe aus dem Material, zu dem es für die *grand chefs étoilés* keine ernst zu nehmende Alternative gibt.

Vor 200 Jahren schallte der Klang von insgesamt 18 Hammermühlen durch Durfort, die alle Kupfer dengelten. Damals lebten knapp dreimal so viele Menschen hier. Die Produktion von Kupferkesseln jeglicher Art und Größe sicherte ihr Auskommen. Von diesen Zeiten erzählt das kleine Museum, und davon zeugen auch die Namen der Straßen im Ort, ja sogar ihr Verlauf. Die Rue des Martineurs heißt so nach den Schmieden, die in einer Reihe hinter den Häusern in den heutigen Gärten standen und dort vom Wasser des Sor angetrieben wurden. Hier und in der Parallelstraße, der Rue des Recureurs (Scheuerstraße), wurden tagein, tagaus die Rohformen auf Hochglanz poliert. Der flache Wasserkanal, der auch heute noch mitten auf der Straße zwischen den Häusern verläuft, war keine Dekoration, sondern eigens zu diesem Zweck angelegt worden. Auf beiden Seiten des künstlichen Baches saßen die Polierer und wienerten das Metall, ob nun riesige Einkochkessel oder Stieltöpfe, Braukessel für Bier und Schnaps oder dünnwandige Ziertöpfe.

Apropos Dekoration: Ab den 1970er Jahren stammte eine Zeit lang vieles von dem, was in den hiesigen Geschäften gehandelt wurde, in Wahrheit nur selten aus heimischer Produktion. Handarbeit war zu teuer, und die meisten Menschen kochten mit Teflonpfannen. Das Handwerk drohte auszusterben. Heute gibt es mit dem »Metal Concept One« von Antoine Millet wieder eine echte Kupferschmiede in Durfort, in der alles von Hand gefertigt wird, sogar die Beschichtung der Innenflächen. Die seltene Kunst hat ihren Preis.

Adresse Museum: Place de Plo, 81540 Durfort, Tel. +33 (0)5/63723634 | Anfahrt D 44 | Öffnungszeiten Museum: Di 14–18.30 Uhr und Fr 14–17 Uhr; Tel. + 33 (0)619590295 | Tipp In Les Cammazes wandert man entlang der Rigole de Montagne, einer künstlichen Wasserzufuhr für den Canal du Midi, vorbei an Wehren und Kaskaden und der Vôute Vauban. Dieser 122 Meter lange Tunnel wurde vom gleichnamigen berühmten Festungsbaumeister angelegt und ist begehbar.

51 Die Kuriosität

In Lauriole fließt Wasser bergauf

In den Bergen des Minervois gibt es sehr viele Weinstöcke und sehr wenige Menschen. Auf den Serpentinen der kleinen Bergstraße D 56 zwischen Siran und Minerve kann Letzteres durchaus von Vorteil sein. Nicht nur, weil Weinbauern wie -käufer nach der ein oder anderen Probe der berühmten Tropfen aus Minerve oder La Livinière nicht mehr ganz verkehrstauglich hinter dem Steuer sitzen, sondern auch, weil kurz vor dem Weiler Lauriole, an der Abzweigung nach Fournes, immer wieder Menschen ziemlich abrupt anhalten, um mit eigenen Augen die »Curiosité de Lauriole« zu sehen.

Die Besonderheit von Lauriole: Alles, was rund ist, Boulekugeln, Bälle oder Wasserflaschen, rollt hier bergauf! Unmöglich, sagen die einen, an paranormale Phänomene wollen andere glauben. Nachdem die Zeitungen des Südens, »La Depèche« und der »Midi Libre«, darüber berichtet haben, wollen es alle selbst prüfen – und stoppen mitten auf der Straße oder dem Seitenstreifen in der Spitzkehre. Tatsächlich: Die Straße steigt in und nach der Kehre eindeutig an, und trotzdem fließt Wasser nicht runter, sondern bergauf, rollen Gegenstände aller Art in die verkehrte Richtung. Kein Witz: Die Stelle ist ausgeschildert und auch in Karten verzeichnet. Es wurde sogar untersucht, ob es sich um ein besonderes Magnetfeld handeln könnte – wie auch immer das Luftballons oder Orangen beeinflussen sollte.

Natürlich handelt es sich bei der Kuriosität weder um Magie noch um Psi. Auch in den Bergen des Minervois gelten die Gesetze der Gravitation. Es ist schlicht und ergreifend eine optische Täuschung. Der Horizont bietet keinen exakten Fixpunkt, und so möchte zwar jeder Beobachter schwören, es ginge deutlich bergauf, in der physikalischen Realität aber fällt das Gelände auf einem kurzen Stück einer ansonsten ansteigenden Strecke ab. Sei's drum. Es ist ein witziges Erlebnis. Gerne auch mit einer Weinflasche zu testen.

Adresse D 56, 34210 Siran, Abzweigung nach Fournes | Anfahrt siehe unter Adresse | Tipp Das Minervois ist eines der ältesten Weinbaugebiete der Welt, an Erfahrung mangelt es also nicht. Testen Sie, probieren Sie. Nicht nur die bekannten Namen, auch kleinere Domänen bieten große Weine. Das geht fast überall, nur nicht zwischen zwölf und 14 Uhr.

52 Der Kurztrip

Von der Péniche bis zum Baumhaus

Manchmal muss es schnell gehen. Nur ein Wochenende, vielleicht fünf Tage, um einfach mal rauszukommen. Kaum irgendwo geht das so gut wie im Midi: Die größeren Orte Béziers, Narbonne, Carcassonne und Toulouse liegen alle an TGV-Schnellzugstrecken und verfügen zudem über einen Flughafen. Sehr praktisch. Und sobald man die Tür der Terminals öffnet, empfängt einen der Süden: Zikaden zirpen, die Sonne scheint heller und wärmer, es riecht nach Rosmarin, und die Sprache der Menschen klingt anders. Nur noch ins Hotel, die Beine hoch und ein Glas Pastis …

Und das geht! Am Kanal sogar an ausgefallenen Locations, zum Beispiel auf einem Traum von einem Hausboot. Vom Flughafen Carcassonne bis zur »Péniche Mirage« sind es exakt 4,5 Kilometer. Das läuft man, wenn es denn sein muss, auch zu Fuß, ob mit oder ohne Gepäck. Vom Bahnhof sind es exakt acht Kilometer, und der Radweg Chemin de Serres führt dabei durchgängig am Kanal entlang bis zum Schiff. Schöner kann ein Kurztrip kaum beginnen. Die »Mirage« trägt ihren Namen, übersetzt Spiegelung oder Fata Morgana, zu Recht: Jeanette Bajon hat aus dem 39 Meter langen ehemaligen Lastkahn für Getreide nicht nur ein Schmuckstück gemacht, das allen Komfort bis hin zum Jacuzzi an Deck bietet, die »Péniche« ist zudem komplett ökologisch ausgerichtet. Das schwimmende Hotel mit drei Zimmern, die auch nicht wirklich kleiner sind als der Pariser Standard, liegt fest vertäut an der Herminis-Schleuse des Canal du Midi. Kabinen an Bord kann man tageweise mieten, um an Deck zu lesen, auszuspannen oder die Umgebung zu erkunden. Man kann die »Mirage« auch komplett buchen und als Gruppe ein paar Tage die Seele baumeln lassen.

Oder wie wäre es mit einem Baumhaus? Acht Kilometer nordwestlich von Carcassonne stehen auf einem ökologischen Weingut gleich mehrere Baumhäuser unterschiedlicher Optik, Ausstattung und Größe für bis zu sieben Personen.

Adresse Péniche Mirage: Ecluse d’Herminis, 28, Rue du Canal, 11000 Carcassonne, Tel. +33 (0)6/88119475, E-Mail: info@mirage-hotes.fr | **Anfahrt** D 33 (Route de Bram), ab Office de Tourisme dem Radweg folgen | **Tipp** Französische Züge bieten oft spezielle Fahrradplätze. Das kostet nicht einmal zusätzlich, muss nur beim Ticketkauf angegeben werden. Bei Alzonne, nahe der Schleuse von Béteille, steht die Luxusvariante eines Baumhauses mit großer Terrasse, Jacuzzi und Sauna.

53 Das Laboratorium

Der Garten von Schloss Bonrepos-Riquet

Als Pierre-Paul Riquet 1651 Schloss Bonrepos erwarb, muss es – ähnlich wie heute – in erbarmungswürdigem Zustand gewesen sein. Das interessierte den Erbauer des Canal du Midi aber nicht. Der 42-Jährige war erstens schwerreich, wollte zweitens in die Nähe seines Traums »Canal Royal de Languedoc« und hatte drittens das Potenzial der zugehörigen Ländereien erkannt. Hier unternahm Riquet fast alle für den Bau des Kanals notwendigen Feldversuche, von der Hydraulik über die Wasserführung bis zur Arbeitsorganisation. Und das kann man seit einigen Jahren unter fachkundiger Führung besichtigen.

Riquet ließ eine Ziegelei und eine Schmiede wiederaufbauen, um Zugriff auf ausgebildete Arbeitskräfte zu haben. Er ließ drei Teiche anlegen, einen davon als 300 Meter langen Kanal. Die beiden anderen dienten als Zulauf und Reservoir. Die Staubecken waren durch Stichkanäle verbunden, es gab hydraulische Öffnungen, um die Wassermenge zu regulieren. So simulierte Riquet im kleineren Maßstab alles, was für den »richtigen« Kanal wichtig werden sollte, aber um 1660 niemand so genau wusste: Wie müssen Zu- und Abläufe beschaffen sein, um jederzeit und an jeder Stelle genügend Wasser zu haben? Wo und wie lässt es sich wieder auffangen? Ändert sich das Strömungsverhalten je nach Temperatur und Jahreszeit? Nicht zuletzt: Wie viele Arbeiter braucht man? Wie viele kann man an einer Stelle einsetzen? Der Garten von Bonrepos war das Laboratorium, um die praktische Realisierbarkeit von Ideen zu prüfen. Selbsterklärend ist dabei wenig, die enormen technischen Neuerungen sind ohne Führung schwer erkennbar – alles wirkt, wie auch der Kanal selbst, sehr natürlich. Riquet hatte unter anderem gelernt, dass es klug war, seinen 12.000 Arbeitern hohe Löhne zu zahlen. Als die Winzer des Languedoc sich bei ihm beschwerten, keine Helfer zu finden, soll er geantwortet haben: »Dann bezahlt sie halt besser.«

Adresse Place Pierre-Paul Riquet, 31590 Bonrepos-Riquet, Tel. +33 (0)5/67161618, www.bonrepos-riquet.fr | Anfahrt D 20/D 45 | Öffnungszeiten nach Vereinbarung (visiteschateauriquet@gmail.com und assodemaineriquet@hotmail.com) | Tipp Festes Schuhwerk ist bei der gut zweistündigen Besichtigung unerlässlich. Ein besonderes Augenmerk sollte man auf die wunderbare Orangerie richten. Die Führer arbeiten ehrenamtlich, der zu entrichtende Betrag dient der Finanzierung des Wiederaufbaus von Schloss und Garten.

54 Das Labyrinth

Ein mystischer Wanderweg nicht nur für Kinder

Im Kinofilm »Der Herr der Ringe« sah »Fangorn«, ein Wald auf Mittelerde, ein bisschen so aus wie dieser Wald hier. Für literarisch Ambitioniertere: Wenn »Brocéliande« – der sagenhafte Wald der Artussagen, Ort der Verbannung von Merlin, in dem Chrétien de Troyes seinen Yvain und Hartmann von Aue den Iwein Heldentaten vollbringen lässt –, wenn dieser mythenumwobene Wald nicht in der Bretagne läge, müsste man ihn hier, in der Nähe von Nébias, suchen. Das »Grüne Labyrinth« von Nébias-Chalabre ist ein toller Ausflugsort für alle, die sich von einem mystischen Platz verzaubern lassen wollen und Märchen und Sagen lieben, vor allem ein Abenteuerspielplatz für Kinder, und das auch noch umsonst.

Es gibt einen Leierbaum und eine Polypeneiche, kleine Lichtungen im mit dichtem Moos behangenen Wald, ein Irrgarten führt durch verwitterte Kalksteinfelsen, es gibt verborgene Höhlen und schöne Ausblicke. Das ist klasse gemacht, wirkt uralt und vor allem komplett natürlich. Die Phantasie nicht nur von Kindern wird ungemein angeregt auf diesem Naturpfad der besonderen Art. Man kann suchen und klettern, träumen und entdecken. Man kann sogar das Gefühl bekommen, man könnte sich auf dem gut ausgeschilderten Weg von vier Kilometern verlaufen. 1987 ist der Sentier Nature et le Labyrinthe Vert angelegt worden. Ein botanisches Meisterwerk: Alles ist echt und natürlich gewachsen, wenngleich absichtlich so gestaltet und in Szene gesetzt. Dem Spaß tut das keinen Abbruch, es sei denn, man will partout nicht verzaubert werden.

Man muss dem Weg durch den Märchenwald nur weitere vier Kilometer folgen, um zur Katharerburg Puivert zu gelangen. Die gut erhaltene Burg war Schauplatz grausamer Christenverfolgung durch Christen, aber auch der wunderbaren Geschichte des Minnesangs. Die Konsolensteine im Saal der Musiker im Bergfried zeigen mittelalterliche Troubadoure, die hier einstmals aufspielten.

Adresse Sentier Nature et le Labyrinthe Vert: 6, Chemin du Moulin à Vent, 11500 Nébias, www.audecathare.fr | **Anfahrt** D 117 | **Tipp** Die aus dem Mittelalter stammenden Windmühlen am Startpunkt des Weges wurden zu Beginn des Jahrtausends renoviert und sind nun Aussichtsplattformen. Gleich daneben stößt man auf Relikte eines Forts und einer Schützenstellung der deutschen Wehrmacht von 1942.

55 Das Lager

Die andere Geschichte von Agde

Seit 1956 ist Agde Synonym für FKK, Cap d'Agde die Welthauptstadt der Nacktheit. Am Strand tummeln sich im Sommer 1,5 Millionen textilfreie Besucher. Nicht zuletzt dank Michel Houellebecqs Roman »Elementarteilchen« gilt Agde heutzutage als Sex- und Swinger-Paradies. Kein Gedanke an das, was sich einige Jahre zuvor hier ereignete.

Wer im bitterkalten Februar 1939 über die spanische Grenze hierher flüchtete, dem kam in Agde nichts paradiesisch vor. Nachdem Francos Falange mit Hilfe deutscher und italienischer Faschisten die Republik endgültig besiegt hatte, kamen Tausende Zivilisten und Soldaten der Volksarmee, die überlebt hatten. Über 25.000 Menschen zogen in die Baracken des Internierungslagers Agde: 250 Hütten einfachster Bauart, bessere Zelte von 40 mal sechs Meter. Sanitäre Anlagen und die Gesundheitsversorgung wären schon mit 10.000 gesunden Menschen überfordert gewesen. Trotzdem ging es den ersten Lagerbewohnern gut, verglichen mit ihren Nachfolgern, schrieb der Dichter Agustí Bartra. Sie waren zwar interniert, verwalteten sich aber selbst – allein das, ob der Differenzen zwischen Kommunisten, Anarchisten, Spaniern und Katalanen, nicht einfach.

Von 1939 bis Juni 1940 waren hier tschechoslowakische Soldaten interniert, nach Bekanntwerden des Hitler-Stalin-Paktes kurzzeitig auch französische und deutsche Kommunisten. Schließlich wurde der Ort unter dem Vichy-Regime von Marschall Philippe Pétain zum berüchtigten Internierungslager für alle Fremden. Menschen aus 30 Nationen wurden zusammengepfercht: Deserteure, Kämpfer der Résistance und Antifaschisten, vornehmlich aber Juden, ob Franzosen oder vor den Nazis geflohene aus ganz Europa. Mindestens 370 wurden im Juli 1942 von hier in die Vernichtungslager transportiert. Der Verbleib vieler Menschen ist ungeklärt. Im August 1944 wurde das Lager zerstört. Heute steht hier ein Schul- und Sportkomplex.

Adresse Monument commémoratif du Camp d'Agde: Ecke Avenue Jean Moulin / Avenue Paul Balmigere, 34300 Agde | Anfahrt D 912 (Avenue de Sète), GPS 43°18'44'-3°28'46' | Tipp Eingepfercht zwischen Parkplatz und Turnhallen, erinnert in der Rue du Camp d'Agde ein zweites Denkmal, errichtet von der jüdischen Gemeinde, an die Juden und Zwangsarbeiter, die aus Agde über Drancy nach Auschwitz transportiert wurden. Gedacht wird auch der »Gerechten«, Bürgern von Agde: Es sind sieben Namen.

56 Die Markthalle

Das quadratische Zentrum von Revel

Sie ist eindeutig und unbestreitbar das Zentrum von Revel: die Markthalle. Der Platz um sie herum ist quadratisch angelegt, um ihrem Maß zu entsprechen, nicht umgekehrt. 79 Pfeiler aus Eichenholz tragen das Dach der offenen Halle mit einer Seitenlänge von 39 Metern. In der Mitte der Halle steht ein ebenfalls quadratischer Turm, der schon als Gefängnis, Feuerwache und Waffensaal diente. Die Halle wurde 1342 auf Geheiß von König Philippe VI. de Valois (1293–1350) errichtet und ist eine der größten und schönsten in ganz Frankreich. Der klassizistische Glocken- und Uhrenturm wurde im Zuge einer »Grundrenovierung« 1834 aufgesetzt. Damals musste fast alles neu gebaut werden, nachdem ein Brand den alten Turm aus Fachwerk und Ziegeln zerstört hatte. Man könnte betonen, dass der Markt von Revel regelmäßig unter die schönsten des Landes gewählt wird. Doch eigentlich reicht es, zu wissen, dass er seit fast 700 Jahren jeden Samstag unter dem schützenden Dach der Halle stattfindet. Und nicht nur dort, sondern auch rund um den Platz und manchmal noch in den angrenzenden Gassen. Immer samstags kann auch der Glockenturm, der *beffroi,* mit seiner Aussichtsplattform besichtigt werden.

Der Platz wird von Bürgerhäusern aus dem 17. und 18. Jahrhundert eingerahmt. »Les garlandes« nennt man in Revel die zauberhaften Arkaden voller Geschäfte und Bistros davor. Die Bogengänge wurden zum Jahrtausendwechsel komplett renoviert. Besondere Aufmerksamkeit verdienen die Säulen vor dem »Café des Arcades« mit der aufgemalten Werbung für »Pippermint« und »Get 27«. Sie preisen den ehemals bekannten Minzlikör der Gebrüder Get an, der von 1796 bis 1991 in Revel destilliert wurde, bevor man die Produktion der heute zum Bacardi-Martini-Konzern gehörenden Marke ins Rhônedelta verlagerte. Die Destille in der nahen Rue Georges Sabo ist heute Kulturzentrum und Kino, genannt »Cinè Get«.

Adresse Place Philippe VI de Valois, 31250 Revel, Tel. +33 (0)5/34666768, www.auxsourcesducanaldumidi.com | Anfahrt D 622 | Öffnungszeiten die Halle ist immer zugänglich, der Markt findet ganzjährig samstags statt | Tipp Revel lebte früher vor allem von Holzverarbeitung und Möbelbau. Die Tischler der Stadt waren bekannt für ihre feinen Intarsienarbeiten, die *marqueterie*. Daran erinnern ein Museum in der Rue Jean Moulin und das Angebot der örtlichen *brocantes*.

57 Der Meilenstein

Sauvian und sein Überrest aus der Römerzeit

2.000 Jahre Geschichte, und die Welt fährt achtlos daran vorbei. Am Ortseingang von Sauvian, gleich neben dem Friedhof, ist das Alltag. Kein Mensch hält hier, weil auch kaum ein Mensch ahnt, was da auf der Verkehrsinsel steht: ein römischer Meilenstein, aufgestellt im Jahr 44 in der Kaiserzeit des Tiberius Claudius Germanicus (10 vor–54 nach Christus). Genauer gesagt handelt es sich um den 138 Zentimeter hohen Rest eines Miliariums. Lesbar ist die Gravur: »TIBERIUS CLAUDIUS CAESAR AUGUSTUS GERMANICUS PONTIFEX MAXIMUS TRIBUNITIA POTESTATE VIII IMPERATOR XIIII PATER PATRIAE CONSUL IIII CENSOR REFECIT«. Der Meilenstein stand hier, um eine Kreuzung der Via Domitia mit untergeordneten Abzweigungen zu kennzeichnen. Da der Verlauf der Via Domitia am heutigen Sauvian vorbei historisch verbürgt ist, wurde der Stein wahrscheinlich nicht groß versetzt. Er steht seit 2.000 Jahren ungefähr hier, war allerdings mal doppelt so hoch. Sicher angegeben war die Entfernung nach Rom, zum »Goldenen Meilenstein« auf dem Forum Romanum, dem Zentrum der Vermessung des Reiches. Ebenso die Distanz zur Hauptstadt der Kolonie Narbonne. Beides ist nicht mehr zu erkennen. Alles Weitere ist Vermutung: Béziers könnte verzeichnet gewesen sein, Barcelona und Sevilla in der Verlängerung der Via Domitia durch die Via Augusta oder Toulouse in der Abzweigung der Via Aquitania. Wer weiß? Der Stein wird es nicht erzählen, und die Menschen, die achtlos vorbeifahren, scheint es nicht sonderlich zu interessieren.

Vielleicht aber dies: Der behinderte Kaiser Tiberius Claudius war der erste Cäsar, der nicht in Rom, sondern in Lyon geboren wurde. Mit Hilfe freigelassener Gefangener schuf er eine funktionstüchtige Verwaltung für das Imperium. Aber ausgerechnet Tiberius wurde von Zeitgenossen als schwächlich, ignorant und böswillig verunglimpft, im Gegensatz zu seinem Vorgänger Caligula und seinem Nachfolger Nero.

Adresse Avenue de l'Église, 34410 Sauvian | **ÖPNV** Bus E (Béziers –Valras), Station Le Château | **Anfahrt** D 19 | **Tipp** Der Ort Vias ist für seine Campingplätze und Vergnügungsparks (»Europark«) bekannt. Eine technische Meisterleistung ist der Durchlass des Flusses Libron durch den Canal du Midi. Bei Hochwasser zeigt sich der praktische Nutzen des imposanten Bauwerks (Adresse: Voie Communale du Tricot et des Tots).

58 Der Messerschmied

Kunstvolles Handwerk in Molières Premierenstadt

Ohne eigenes *Opinel* oder *Laguiole* ist man in Frankreich nicht wirklich Mann. *Capucin* heißen die Klappmesser, weil ihre Klinge im Griff verschwindet wie das Gesicht der Mönche unter ihrer Kapuze. Weniger bekannt ist, dass sich Mirande, ein Dorf in den Pyrenäen zwischen Auch und Tarbes, und die Molière-Stadt Pézenas darum streiten, der Ort zu sein, an dem diese Messer erfunden wurden. Sicher ist, dass es in Pézenas um 1800 ein Dutzend Messerschmiede gab, die spezielle Klingen herstellten: leicht gebogene *Capucins* für die Weinbauern der Region und die geraden, gestreckteren *Montpelliers* für die Fischer. Leider ist davon fast nichts geblieben, die industrielle Fertigung von Messern aller Art hat das Gewerbe weitestgehend ruiniert. Erst in jüngster Zeit entdeckt manch einer wieder den Reiz einer handgearbeiteten Klinge und ist bereit, den Preis dafür zu zahlen.

Mitten in der historischen Altstadt von Pézenas, auf der Rückseite des ehemaligen Gettos, hat Thomas Renault 2011 das Geschäft seines Vaters übernommen, die »L'échoppe du Laguiole«, ein Büdchen für Messer also. Büdchen ist eine Untertreibung: So klein, wie er auf den ersten Blick scheint, ist der Laden nicht. Vor allem handelt es sich nicht ausschließlich um eine lizenzierte Verkaufsstelle für die Produkte aus den Bergen des Aveyron. Thomas Renault ist ausgebildeter Messerschmied, nennt sich zu Recht *Artisan coutelier*. Und natürlich vertreibt er am liebsten seine eigenen handgefertigten Klingen. Man wird fachkundig beraten und kann sein Lieblingsstück auch reparieren lassen.

Pézenas ist noch für eine andere scharfe Klinge bekannt. Hier feilte Jean-Baptiste Poquelin an seinen Stücken, an seinen schauspielerischen Fähigkeiten und an seinem scharfen Wortwitz. Viele Stücke wurden hier uraufgeführt, bevor Molière zum hochberühmten Autor und zur Institution des Theaters wurde.

Adresse 22, Rue Émile Zola, 34120 Pézenas, Tel.+33 (0)4/34531291 und +33 (0)6/49235037 | **ÖPNV** Bus B, C, D, E, Station Pézenas Centre | **Anfahrt** D 13E 18 | **Öffnungszeiten** Mo – Sa 9 – 19 Uhr, im Sommer auch So | **Tipp** Eine Institution ist auch Joel Laplane. Er ist von Beruf *Luthier*, also Geigen- und Gitarrenbauer. Und nicht irgendeiner: Auf seinen Instrumenten spielen Konzertgitarristen weltweit, auch Paco de Lucía besaß eine Laplane. In der Rue Four de la Ville 15 wird das Geschäft nach Terminvereinbarung geöffnet (Tel. +33 (0)6/62261229).

59 Das MRAC

Sérignan und die moderne Kunst

Große Kunst im kleinen Städtchen – so könnte dieses Kapitel beginnen. Sérignan hat im Winter 6.000 Einwohner, und im Sommer sind gut zehnmal so viele hier. 60.000 Menschen liegen dann am Meer, bevölkern die Bars und Restaurants. Keine Betonburgen, mehr Campingplätze: Sérignan ist geprägt vom Strand und vom Weinbau im Hinterland.

Es war einmal – wäre auch ein Anfang. Es war im März 1989, als André Gélis, Kunstfreund, Mäzen und Sohn kommunistischer Arbeiter, zum konservativen Bürgermeister von Sérignan gewählt wurde. Gélis baute ein altes Weinlager neben der Mairie zum Gemeindezentrum um, mit Mediathek und 200 Quadratmeter Ausstellungsfläche für seine Bilder. 1991 feierte das Museum Eröffnung. Nur ein Nukleus. In mehreren Schritten wurde daraus das Museum für zeitgenössische Kunst in Okzitanien, MRAC, mit 3.200 Quadratmetern Fläche und Exponaten namhafter Künstler, allen voran Daniel Buren. Dessen 266 schwarz-weiße Säulenstümpfe im Ehrenhof des Pariser Palais Royal sind ebenso emblematisch wie sein »Rotes Tor« vor dem Guggenheim-Museum von Bilbao. In Sérignan gestaltete Buren die Fensterfronten des noch immer als ehemaliges Weinlager erkennbaren Gebäudes. Sein Werk »Rotation« umgibt das ganze Museum mit Farben auf allen Glasteilen, die visuelle Effekte innerhalb und außerhalb des Baus erzeugen. Es wirkt wie eine moderne Interpretation alter Kirchenfenster, ist spannend und in dieser Umgebung völlig unerwartet. Das gilt auch für die ständigen wie die temporären Ausstellungen.

Aber warum gibt es das MRAC in Sérignan überhaupt? Über seine Motivation, diesen Ort zu schaffen, hat der inzwischen verstorbene Bürgermeister Gélis sinngemäß gesagt: »Sérignan hatte kein Zentrum, es war zerrissen zwischen Strand und Weinbergen. Und die Menschen redeten nicht miteinander. Die einzige Möglichkeit, das zu ändern, war, eine Begegnungsstätte zu schaffen, war die Kultur.«

Adresse MRAC, 146, Avenue de la Plage, 34410 Sérignan, Tel.+33 (0)4/67178895, mrac.laregion.fr | **ÖPNV** Bus E, Station Combescure oder Promenade | **Anfahrt** D 19 | **Öffnungszeiten** Sept.–Juni Di–Fr 10–18 Uhr und Sa, So 13–18 Uhr, Juli, Aug. Di–Fr 11–19 Uhr und Sa, So 13–19 Uhr | **Tipp** Ein zweites Werk von Daniel Buren in Sérignan entfaltet seine Wirkung erst in der Dunkelheit. »Rayonnant« (Freudestrahlend) heißen die 170 Metallpylonen vor der Theaterhalle La Cigalière, die nachts in unterschiedlichen Farben leuchten. Auch das ein Spektakel.

60 Die Mündung

Der Port de l'Embouchure ist Anfang und Ende

Ein Kanal braucht mindestens einen Anfang und ein Ende. Eigentlich! Aber der Canal du Midi ist ja in vielerlei Hinsicht besonders. Wo genau ist sein Ende? Im Étang de Thau oder in Sète oder doch in Narbonne? Seinen Anfang, so viel ist sicher, nahm der Bau des Kanals in Toulouse, der *Ville rose*, der rosaroten Stadt. Aber an seinem Nullpunkt, dem realen Anfang, heißt der Kanal Port de l'Embouchure, Mündung mithin, was ja eher Ende besagt. Und selbst dieser Name trifft nicht mehr zu, denn die schiffbare Einmündung in die Garonne, die gibt es nicht mehr. Die beiden Schleusen am schmalen Beckenende wurden beim Bau der Stadtautobahn 1970 zugeschüttet.

240 Meter lang ist das Hafenbecken und bis zu 70 Meter breit. Obwohl kein direkter Ausgang zum Fluss mehr existiert, kann man über den Canal de Brienne zur und in die Garonne fahren. Viel weiter nicht, da der Fluss Richtung Atlantik mehrere Staustufen hat. Am breiten Ende des Hafenbeckens schaut man auf die beiden identischen Einfahrten der Zwillingsbrücke Ponts-Jumeaux, eigentlich eine Drillingsbrücke. Die Öffnung in der Mitte, links des großen Reliefbildes von François Lucas (1736–1813), ist der Beginn des Canal du Midi. Die Dame im Carrara-Marmor symbolisiert Okzitanien und fordert mit großer Geste das Wasser der Garonne für den Kanal. Im Herbst des Jahres 1667 wurde ungefähr in diesem Bereich der Bau des Kanals begonnen. Das Becken de l'Embouchure wurde 1670 fertiggestellt, die ersten 52 Kilometer Strecke des Kanals von hier bis zum Scheitel bei Naurouze waren nach vier Jahren in Betrieb, und schon 1674 führte der Kanal bis Castelnaudary. Die drei Kanalbögen und das Relief sind 100 Jahre jünger. Sie entstanden in den Jahren 1773–1775.

Rechts führt der Canal de Brienne zur Garonne, links beginnt der Canal latéral à la Garonne: seit 1856 der schiffbare Weg bis zum Atlantik, der zweite Teil des Canal des Deux Mers.

Adresse Les Ponts-Jumeaux, 31200 Toulouse | ÖPNV Metro B, Station Canal du Midi, Bus 1, 70, Station Suisse | Anfahrt A 620, Ausfahrt Pont Jumeaux-Centre | Tipp »Péniche Sanctanox« heißt ein Hausboot, das fest im Becken liegt und die »Maison Claude Nougaro« beherbergt, zum Gedenken an den französischen Jazzsänger. Die »Brasserie Barbarbare«, ebenfalls auf dem Boot, ist ein Geheimtipp in der sterneverwöhnten Küche der Stadt.

61 Die Musiker

Von Chanson bis Jazz, Brassens und de Plata

Der Dichter Paul Valéry ist in Sète geboren, ebenso Jean Vilar, Gründer des Theaterfestivals von Avignon. Die Regisseurin Agnès Varda verbrachte ihre Teenagerzeit hier und eine gewisse Yvette Labrousse, die später zur Begum Aga Khan wurde, ihre Kindheit. Doch Sète ist vor allem die Stadt der Musiker, des Gitarristen Manitas de Plata, geboren am 7. August 1921 als Ricardo Baliardo, Sohn spanisch-französischer *gitans/manouches*,, und natürlich des gleichaltrigen Georges Brassens (1921–1981).

Brassens wuchs im Immigrantenviertel mit Blick auf den Canal Real auf. Der Vater ein Maurer aus Castelnaudary, die Mutter Flüchtling aus der Basilikata, Süditalien. In der Musik von Brassens hört man die Tarantella, den Flamenco und den Gitarren-Jazz der *gitan*, in seiner Poesie neben klassischer Bildung die Lust des Südens am Fabulieren und Fluchen, erst recht das Querköpfige. Tatsächlich hat der Dichter und Sänger Sète Anfang 1940 verlassen. Und doch: Brassens blieb seiner Heimat treu, kehrte jeden Sommer in sein Elternhaus (Rue Brassens 20, damals Rue d'Hospice) zurück, hielt den Schulfreunden die Treue, nur gelebt hat er als Erwachsener hier nie. Sète blieb immer Thema für Brassens. Er hat sich darüber mokiert, Straßen umzubenennen und aufzuhübschen, ebenso wie über den Namen der Stadt selbst: Sie hieß bis 1927 »Cette« (auf Deutsch: »Dieses«). In »Les Copains d'abord« singt er: »Beim Stelldichein der Freunde an Bord blieb keiner einfach nur mal fort. Wenn einer fehlte, war er tot.« Im kleinen Fischerhafen Pointe Courte findet man noch Relikte des Sète, das Brassens liebte. Hier lag auch sein Boot. Drei Kilometer entfernt: der »Espace Brassens«, das einzige einem Sänger gewidmete staatliche Museum in Frankreich. Museum trifft es nicht ganz, eher eine Reminiszenz. Wie wollte man auch Texte wie den »Reigen der Flüche« museal gestalten? So, wie es ist, ist es angemessen und ein großer Spaß.

Adresse Espace Brassens: 67, Boulevard Camille Blanc, 34200 Sète, Tel. +33 (0)4/99047626, www.espace-brassens.fr | ÖPNV Bus 3, 7, Station Espace Georges Brassens | Anfahrt D 2 | Öffnungszeiten Juni – Sept. täglich 10 – 18 Uhr, Okt. – Mai Di – So 9 – 12 und 14 – 18 Uhr | Tipp Auf dem Friedhof Le Py liegt Brassens neben Joha Heiman, seiner Lebensgefährtin, genannt Püpchen. Gewünscht hatte er sich den Strand. In Balaruc-les-Bains sitzt er lebensgroß bei seinem Freund Lolo auf der nach ihm benannten Promenade. Im Industriegebiet am Quai des Moulins befindet sich das Konservatorium »Manitas de Plata«.

62 Das Museum

Norman Foster baut Narbo Via

Narbonne gilt zu Recht als besonders schön. Die alte Stadt liegt nah am Mittelmeer, hat ein tolles Klima, eine gute Küche und phantastische Weine. Sie ist reich an Geschichte und mit rund 55.000 Einwohnern von überschaubarer Größe. Narbonne wurde nie in großem Umfang zerstört und kann daher mit Bauwerken aus allen Epochen der letzten 2.000 Jahre aufwarten. Aber Narbonne will schöner werden.

Zu diesem Zweck wird am Rand des historischen Zentrums, in fußläufiger Distanz zum Canal de la Robine, ein neues Museum gebaut. Kein Geringerer als Sir Norman Foster hat es entworfen. Das in alle Richtungen weit auskragende Flachdach lässt den einstöckigen, oberirdisch nur acht Meter hohen Bau filigran und lang gestreckt wirken. Sicherlich werden die Museumsplaner des »Studio Adrien Gardère« das Prestigeobjekt für die ganze Region mit dem neuesten Stand interaktiver Museumsdidaktik ausstatten, aber der Clou der 8.000 Quadratmeter großen Ausstellungsfläche ist eine Art Trennmauer im Zentrum des Gebäudes, eigentlich eher ein Hochregal als eine Mauer: 72 Meter lang, zehn Meter hoch und gefüllt mit 1.500 antiken römischen (Grab-)Steinen. Schon in der 3-D-Animation ein eindrucksvolles Bild, wird dieses Regal den Fixpunkt des Museums bilden und es gleichzeitig in zwei Hälften teilen: eine für Ausstellungen, eine für wissenschaftliche Arbeit.

»Narbo Via« wird das Museum heißen, ebenso wie das drum herum geplante Kulturviertel mit Gärten, Freilufttheater und Fußgängerbrücke über den Kanal. Optisch erinnert das Baukonzept an eine Ikone der Moderne, Mies van der Rohes Neue Nationalgalerie in Berlin. Leider lässt auch die Baugeschichte an Berlin denken. Die Eröffnung war zunächst für den März 2016 geplant, dann für 2018. Wegen der Coronapandemie war der Termin 2020 nicht zu halten; das gilt auch für die geplanten 40 Millionen Baukosten. 2021 sollte es nun endlich klappen.

Adresse Narbo Via: Avenue de Gruissan, 11100 Narbonne, Tel. +33 (0)4/68902880, www.narbo-via.fr | **ÖPNV** kostenloser Shuttle-Bus La Citadine 1, Station Espace Soleil | **Anfahrt** D 32 | **Öffnungszeiten** Mai–Sept. Di–So 10–19 Uhr, Okt.–April Di–So 11–18 Uhr | **Tipp** Der Pont des Marchands ist eine der seltenen Brücken, auf der bewohnte Häuser stehen. Ein Bogen überspannt malerisch den Canal de la Robine, der hier im alten Flußbett der Aude fließt. Sechs weitere der römischen Bögen wurden zu Kellern umgebaut.

63 Die Mutprobe

Die Hängebrücke von Hautpoul

Hoch über Mazamet thront auf einer Felsnadel das Dörfchen Hautpoul. Das gute Dutzend Häuser plus Schlossruine ist genau genommen die Altstadt von Mazamet, der Legende nach 413 vom Gotenkönig Athaulf gegründet. Lange war das Dorf verlassen: viel zu schwer und nur nach langem, steilem Marsch bergauf zu erreichen. Inzwischen tummeln sich hier oben Menschen nicht nur zum jährlichen Mittelalterfest am letzten Juliwochenende, einige wohnen wieder ständig dort.

Grund dafür ist eine 2018 errichtete Brücke. Wobei das Wort Brücke nicht jeder angemessen findet. Viele halten den Weg für eine echte Mutprobe, manche verweigern grundsätzlich die Passage über die Passerelle de Hautpoul. Ein derartiges Bauwerk vermutet man tatsächlich auch eher im Himalaya als in Südfrankreich. Es handelt sich um eine Hängebrücke aus Stahl, frei aufgehängt in 70 Metern Höhe über dem Talgrund mit Straße und dem Fluss Arnette. Kein Pfeiler stützt die 140 Meter lange Konstruktion. Dafür schwingt sie leicht im Wind, und man kann überall durchgucken, nach rechts und links und natürlich auch nach unten. Ganz großes Theater.

Der Bürgermeister von Mazamet, Olivier Fabre, hat die Brücke explizit als Touristenattraktion geplant. Zunächst wurde ein Stahlseil über dem Abgrund gespannt und verankert. Dessen Tragfähigkeit von mehreren Tonnen testete man mit Wasserbehältern. Ungemein wichtig, denn das Seil diente danach zugleich als (Kletter-)Gerüst und als Kran für das gesamte Material. An diesem Seil wurden Stahlteile, aber auch der auf der Straße gemischte Beton per Winde nach oben transportiert und verbaut. Ein echtes Abenteuer. Und es hat sich gelohnt. Vom Parkplatz aus führen zwei Wege zur Mutprobe. Für den Chemin de la Jamarié braucht man 15 Minuten, mit 19 Prozent ist er aber richtig steil; doppelt so lange dauert es durch die nur halb so steilen Gärten »Jardins Courmouls Houlès«.

Adresse 95, Rue de la Resse, 81200 Mazamet | **Anfahrt** D 54, kostenlose Parkplätze | **Tipp** Die »Maison du Bois et du Jouet« ist ein Museum für in Frankreich seltenes Holzspielzeug, in dem man auch die Gelegenheit hat, Spiele selber auszuprobieren. Ebenfalls schön ist das Musée du Catharisme in Mazamet (3, Rue des Casernes); den Audioguide gibt es leider nur auf Französisch und Englisch, Führungen aber auch auf Deutsch.

64 Der Mythos

Der heilige Teufel von Rennes-le-Château

Im Zentrum aller Mythen steht ein Priester: Bérenger Saunière (1852–1917). Der bettelarme, ultrakonservative Mann wurde 1885 als Pfarrer nach Rennes-le-Château strafversetzt, um noch im selben Jahr wieder abgezogen zu werden wegen antirepublikanischer Predigten. Nach acht Monaten durfte er in die Pfarrei zurück. In den Folgejahren sanierte er die baufällige Kirche, das halbe Dorf und baute für sich und seine »Haushälterin« eine großzügige Villa mit pseudomittelalterlichem Bibliotheksturm. Woher kam das viele Geld? Bérenger erklärte den Kirchenoberen, er habe im Garten einen Schatz gefunden. Die Basis für wilde Mythen.

Und dann die Kirche: Gleich über dem Portal steht der Text *»Terribilis est locus iste«* (Dieser Ort ist schrecklich). Im Eingang trägt eine Teufelsstatue das Weihwasserbecken. Gruselig. Zu allem Überfluss wurde Saunière durch ein Glasauge verunstaltet, nahm an esoterischen Zirkeln teil und führte einen »unziemlichen Lebenswandel«. Aber die Dorfbewohner profitierten von der regen Bautätigkeit und hielten daher zu ihm. Ihr Dorf wuchs und der Mythos ebenso. Der Schatz wurde immer märchenhafter: Mal war es der Schatz der Templer, mal der Westgoten, dann der Katharer und schließlich sogar der Heilige Gral. Und weil Saunière trotz vieler Verfehlungen im Amt blieb, hielt man ihn bald für den Träger des geheimen Wissens der »Prieuré de Sion«. Seither ist die Literatur voller Verweise auf den Mythos, von Dan Brown bis Umberto Eco. Die Wahrheit ist schlichter. Der Mann war ein Hochstapler. Das Geld hat er mit Zuwendungen für nie gehaltene Privatmessen erschwindelt. Der Teufel am Weihwasserbecken ist der Dämon Asmodeus, bezwungen durch die Kraft des Kreuzes, wie darüber zu lesen ist: *»Par ce signe tu le vaincras«* (Durch dieses Zeichen wirst du ihn besiegen). Der Text im Portal stammt aus der Liturgie und geht so weiter: »Es ist das Haus Gottes, das Tor zum Himmel.«

Adresse Église Sainte Marie-Madeleine: Rue de l'Église, 11190 Rennes-le-Château, Tel. +33 (0)4/68313885, www.rennes-le-chateau.fr | Anfahrt D 52 | Öffnungszeiten Die Kirche ist von Mitte November bis Mitte März geschlossen. | Tipp Mit dem Eintrittsticket kann man auch die »Villa Béthania« des Abbé Bérenger Saunière samt Garten und Orangerie besuchen. Der Magdala-Turm täuscht sein Alter nur vor, bietet dafür aber eine Aussicht wie ein Adlerhorst.

65 Das Nest

Die Eremitage Saint-Antoine von Galamus

Ostermontag und Pfingsten sind die Gorges de Galamus, die rauen und tiefen Felsschluchten des Flüsschens Agly in den östlichen Pyrenäen, voller Pilger. Ansonsten wird die schmale Felsstraße (D 7), die bei Saint-Paul-de-Fenouillet beginnt, meist von Wanderern und Radfahrern bevölkert. Im Sommer wird es voller. Campingmobile sind dann verboten, die Bergroute wird zur Einbahnstraße, auf der ein kleiner Elektrobus verkehrt. Die wilden Schluchten aus Kalk- und Dolomitgestein sind ausnehmend schön und bieten tolle Blicke bis zu den Gipfeln der Pyrenäen. In den natürlichen Becken des Agly, teils mit warmem Wasser, kann man baden oder geführte Raftingtouren unternehmen.

Aber vor allem ist da die Eremitage Saint-Antoine, zu der alle Wege führen. Erstmals erwähnt wurde die Franziskaner-Einsiedelei im 15. Jahrhundert. Die Grotte nutzten Eremiten aber wohl schon Hunderte Jahre zuvor. Heute kleben vor ihr eine Kapelle und drei Häuschen malerisch wie ein Schwalbennest an der Steilwand. Und eine mächtige Platane wächst ohne erkennbaren Wasserzugang aus dem nackten Fels, spendet Wanderern und Pilgern Schatten. 1782 wurde die Kapelle zu Ehren eines »Wunders« gebaut. Der heilige Antoine habe durch seinen Segen viele Bewohner von Saint-Paul-de-Fenouillet von einer grassierenden, häufig tödlichen Gewebenekrose, der sogenannten Gangräns, geheilt – eine Art Wundbrand, hervorgerufen durch mangelnde Blutversorgung.

Ursprünglich galten die Pilgermärsche im Frühjahr diesem Anlass. Das ist aber, wie die Krankheit selbst, in Vergessenheit geraten. Heute geht es eher um eine gut fünf Kilometer lange Wanderung durch eine phantastische Landschaft, vorbei an teils jahrhundertealten Wacholderbüschen, an Ginster und Garrigue. Andere begeben sich auf die Spuren von Arturo Pérez-Revertes Roman »Der Club Dumas«, den Roman Polański hier 1998 mit Johnny Depp unter dem Titel »Die neun Pforten« verfilmt hat.

Adresse Saint-Antoine, 66220 Saint-Paul-de-Fenouillet, Tel. +33 (0)4/68590757 und (0)4/68737098, www.gorgesdegalamus.fr | Anfahrt D 14, D 10, D 7 | Öffnungszeiten Ostern–Mitte Nov. 12–18.30 Uhr | Tipp In Curbières-sur-Cinoble, am Ende der Schlucht, wurde 1280 Guilhèm Belibaste geboren, der letzte »Perfekte«, wie die asketischen Wanderprediger der Katharer genannt wurden. Dort lohnt zwischen Juni und September ein Besuch der alten Mühle, vor allem wegen der Küche im Restaurant.

66 Der Nistplatz

Flamingos im Étang du Bagnas

Es gibt Menschen, die bauen abends irgendwo im Nirgendwo ihr Zelt auf und erwachen morgens direkt neben einer Kolonie Flamingos. Andere suchen tagelang intensiv, aber vergeblich nach den großen rosa Vögeln, nur um auf dem Heimweg, direkt an der Hauptstraße bei Palavas-les-Flots, gleich Hunderte zu sehen. Denn im Midi brüten Rosaflamingos – und zwar viele. Die bekannteste Art aus der Familie der *Phoenicopteridae* ist nicht jüngst aus Afrika zugewandert, sie lebte hier schon immer. Kein Wunder, die bis zu 160 Zentimeter großen Vögel lieben salzige, alkalische Seen, und die gibt es hier reichlich. Ein tolles Bild: eine rosa Kolonie auf einem Bein im Wasser stehend oder gar in den Sonnenuntergang abfliegend. Nur einen Ort, wo man sie garantiert findet, den gibt es bei wilden Tieren leider nicht, nur ein paar Tipps.

Flamingos können Plankton und Krebstiere verdauen und Wasser trinken, an deren Salzgehalt die meisten anderen Arten eingehen. Daher sind die Étangs ein idealer Lebensraum für sie. Wo viele Fische sind, gibt es keine Flamingos. Fische sind Nahrungskonkurrenten. Obwohl gute Schwimmer, bevorzugen Flamingos Wassertiefen, in denen sie auf ihren langen, dünnen Beinen stehen können. Das heißt, man kann die Tiere eher in den kleineren Étangs beobachten als im großen Étang de Thau. Ausnahme ist der nördliche Rand zwischen Bouzigues und Balaruc. Bisweilen sieht man sie direkt vom Parkplatz am »Relais Sétois« aus. Ansonsten empfehlen sich Radtouren oder Wanderungen zwischen Weinbergen und Étangs oder aber ein kurzer Ausflug von Sète am Wasser entlang Richtung Maguelone und Montpellier. Chancen, Flamingos zu sehen, hat man in den Étangs von Vic bis Méjean und Pérols. Oder auf dem Weg zum Leuchtturm von Pointe des Onglous. Zudem ist die Landschaft hier auf den letzten Kilometern des Canal du Midi zum Étang de Thau und mithin zum Mittelmeer einzigartig.

Adresse Chemin de la Belle Bouche / Chemin de Boudas, 34340 Marseillan | ÖPNV diverse TER-Züge, Station Gare de Marseillan Plage | Anfahrt D 51E 5 und E 6 | Tipp Durch die »Réserve Naturelle de Bagnas« kann man auf einigen frei zugänglichen Wegen wandern, es werden aber auch geführte Touren angeboten. Zu entdecken gibt es Kraniche, Reiher, blaugrüne Purpurhühner (eine seltene Rallenart) oder Fischotter.

67 Der Obelisk

Der schöne Weg zum Denkmal

Bei Naurouze befindet sich am höchsten Punkt, also dem Scheitel des Kanals, ein Staubecken. Vom Becken aus führt eine Allee zu einem Hügel, auf dem 1827 ein 20 Meter hoher Obelisk errichtet wurde zu Ehren des Kanalbaumeisters Pierre-Paul Riquet. Der Spitzpfeiler hat keinen weiteren Zweck, das Becken schon.

Bereits bevor mit dem Bau des Kanals begonnen wurde, war bekannt, dass hier einige Rinnsale nach Westen Richtung l'Hers und andere nach Osten in den Fresquel flossen. Für Riquet stellte das ein Problem dar, denn der König verlangte für die Baugenehmigung den Beweis, dass hier ausreichend Wasser ankam. Das war deshalb zwingend, weil die Umgebung von Naurouze unter großer Trockenheit leidet. Es kam und kommt vor, dass es sechs Monate und länger überhaupt nicht regnet. Niederschlag fällt erst in der Montagne Noire, 30 Kilometer nördlich. Von dorther musste das Wasser zum Kanalscheitel geführt werden. Riquet sollte ergründen, wo die Wasserscheide nach Norden verlief. Auf eigene Kosten legte er 1665 eine Proberinne an – die spätere »Rigole de la Plaine« – und wies damit nach, dass sie Wasser aus der Gegend von Revel nach Naurouze brachte. Damit durfte der Bau beginnen.

Auf dem Seuil de Naurouze befindet sich seitdem ein auffälliges achteckiges Bassin, umringt von einem Kanal mit Platanenalleen. Heute sieht man eine achteckige Wiese. Das Becken ist trockengefallen. Wehre an den Zu- und Abflüssen waren dazu gedacht, Wasser als Ausgleich für das beim Schleusen verlorene dosiert in den Kanal abzugeben. Doch das Becken verlandete nach wenigen Jahren, weil das Wasser aus den Bergen zu viel Sediment mitführte. Zum Glück stellte sich heraus, dass es nicht benötigt wurde. Die Talsperre Bassin de St.-Ferréol war unterdessen fertig und funktionierte als Hauptreservoir. Das Becken bleibt Zeugnis des damaligen Willens, Zweckbauten ästhetisch ansprechend zu gestalten.

Adresse Seuil de Naurouze – Obélisque de Riquet: 285, Route de Ségala, 11320 Montferrand | **Anfahrt** D 218 | **Öffnungszeiten** jederzeit zugänglich | **Tipp** Direkt am Becken wurde mit dem Wasser eine alte Mühle betrieben. Sie beherbergte ein nettes Hotel mit Restauration, das derzeit neue Besitzer sucht. Bis die gefunden sind, bleibt jedoch der schöne Wanderweg entlang der Rigole.

68 Das Oratorium

Ein eigentümliches Bauwerk bei Pieusse

Unter dem Begriff Oratorium versteht man heutzutage vornehmlich eine musikalische Erzählung mit geistlichem Thema. Die meisten Menschen denken an die Oratorien Georg Friedrich Händels und Johann Sebastian Bachs. Ursprünglich bezeichnete das Wort den Versammlungs- und Betraum von urchristlichen Gruppen. Auch in Klöstern finden sich Oratorien als Beträume, meist im nicht öffentlichen Bereich.

An der Route de Pomas, kurz vor Pieusse, steht ein Oratorium der ganz besonderen Art, ziemlich einzigartig in Frankreich, nicht sehr groß oder hoch – und doch wuchtig. Zwei massive gotische Steinbögen kreuzen sich auf einem annähernd quadratischen Grundriss. Unter dem kleinen Dach steht ein steinernes Kreuz. Eine Kirchenruine, könnte man meinen, ein übrig gebliebenes Stück Kreuzgerippe. Aber nein. Hier gab es nie eine Kirche oder auch nur eine Kapelle, aber eben seit dem 12. Jahrhundert diesen offenen Betraum. Manche vertreten die These, es handle sich um einen Andachtsraum auf dem Pilgerpfad nach Santiago de Compostela, weil das Steinkreuz diverse Jakobsmuscheln aufweist. Allein, hier stand, urkundlich bezeugt, früher ein Holzkreuz. Das heutige ist erst viel später errichtet worden.

Wesentlich wahrscheinlicher ist eine andere Vermutung. Der Betraum steht an einer uralten Straßengabelung, und der zweite Weg führt hinunter zur Aude, genau zur ehemaligen Anlegestelle einer Fähre über den Fluss. Die Stelle wurde seit alters her als Furt genutzt. Und auch am anderen Ufer stand ehedem eine kleine Kapelle. Die Aude ist ein wilder, reißender Fluss, bis heute bei Wassersportlern beliebt wegen ihrer vielen Stromschnellen, Katarakte und Weißwasserstellen. Vielleicht ist das *Oratoire* wegen dieser Furt erbaut worden: Der Volksmund weiß, dass man den Fährmann erst bezahlen soll, wenn man sicher das andere Ufer erreicht hat, aber ein Gebet zuvor kann bestimmt nicht schaden.

Adresse Avenue de l'Oratoire/Route de Pomas, 11300 Pieusse | Anfahrt D 504 | Öffnungszeiten jederzeit zugänglich | Tipp Das Château de Pieusse stammt aus dem 12. Jahrhundert. Die Reste eines Katharerschlosses sind in Privatbesitz und nur von außen zu besichtigen. Anders die Kirche Saint-Genest im Ortskern, die zudem gut 100 Jahre älter ist.

69 Die Orgel

Cintegabelle birgt viele Besonderheiten

»Schön« ist selten das erste Wort, das Betrachtern in den Sinn kommt, wenn sie direkt vor der Kirche Sainte-Vierge de la Nativité in Cintegabelle stehen. Nicht so sehr, weil die Fassade des mächtigen Backsteinklotzes deutliche Spuren der Umbauten und Erweiterungen zeigt, sondern weil die fast gänzlich geschlossene Stirnseite so abweisend wirkt. Wirklich schön erscheint die Kirche nur, schaut man über die Treppe der Rampe du 14 Juillet zu ihr hinauf.

Um die wahren Preziosen zu sehen, muss man in die Kirche hinein und die Stirnwand von innen betrachten. Genau mittig, hinter dem schmiedeeisernen Tor, vor dem ein Taufbecken aus rotem Alabaster steht, verbirgt sich in einer kleinen Apsis ein zweites Taufbecken. Das an seinen Außenseiten reich mit Ornamenten und religiösen Symbolen verzierte achteckige Becken wurde im 13. Jahrhundert gefertigt. Vor allem aber ist es, und das macht es so besonders, aus Blei: eine echte Rarität. Was nicht bedeutet, dass es nicht auch heute für Kindstaufen benutzt würde.

Ebenso spektakulär, und das optisch wie klanglich, die Orgel darüber. Konstruiert hat das Instrument 1742 der berühmte Orgelbauer Christophe Moucherel (1686–1761), allerdings für das nahe gelegene Kloster Boulbonne. Das Kloster selbst wurde während der Revolution 1789 stark zerstört, nicht aber die Orgel. Der damalige Bäcker von Cintegabelle, Jacques Fageadet, kaufte die Orgel 1798 für 615 Francs und ließ sie auseinanderbauen und in Einzelteilen die 2,5 Kilometer vom Kloster über die Flüsse Ariège und Hers zu Fuß in die Kirche von Cintegabelle tragen, wo sie wieder zusammengesetzt wurde. Mehr als zehn Jahre hat das gedauert, aber es hat sich gelohnt. Das denkmalgeschützte Instrument hatte wieder seinen phänomenalen Klang und bewahrt ihn bis heute. Aus diesem Grund gastierte hier, im kleinen Cintegabelle, im Jahr 2019 die weltberühmte Operndiva Barbara Hendricks.

Adresse Église Sainte-Vierge de la Nativité: 1, Place Jean Colombiès, 31550 Cintegabelle, Diakon Alain Duphil, Tel. +33 (0)6/81928389 | ÖPNV TER Occitanie und Bus 318, Station Gare Cintegabelle | Anfahrt D 820 | Öffnungszeiten Mi 8.30–9.30 Uhr, Di und Fr 15–17 Uhr, So ab 9.30 Uhr | Tipp Alain Duphil ist der Diakon der Kirche. Lässt die Landwirtschaft ihm die Zeit, führt er Besucher durch seine Kirche – auch auf Deutsch. Außerdem ist das Kloster Boulbonne im Besitz seiner Familie! Bittet man Monsieur Duphil freundlich, zeigt er auch das, zumindest von außen.

70 Das Original

In Marseillan steht die älteste Marianne des Landes

Marseillan, gegründet von phönizischen Seefahrern um 550 vor Christus, berühmt für den Wermut »Noilly Prat« und den Lido, einen zwölf Kilometer langen Strand, ist seit der Gebietsreform von 2002 eigentlich gar keine eigenständige Stadt mehr, sondern Teil der »Sète Agglopôle Méditerranée«. Die Touristen interessiert das weniger als die Qualität von Wasser, Strand, Meeresfrüchten und Campingplätzen. Das Zentrum Marseillans hat sich mit den Urlaubern vom ursprünglichen Ort direkt ans Meer verlagert.

Im alten Kern, heute die französische Variante einer Fußgängerzone (also befahrbar), stößt man auf ein meist übersehenes Denkmal. Von der Place Carnot mit dem Geburtshaus des okzitanischen Dichters Achille Maffre de Baugé und der Basalthalle des *Marché couvert* führt die Rue Général de Gaulle an der Mairie vorbei auf die Place de la République. Ein großer Name für einen Platz, der in anderen Orten netter und belebter wäre. Fast genau in der Mitte darauf eine Statue aus weißem Marmor: eine stehende Marianne, geschaffen von einem Bildhauer namens Taillefer, aufgestellt 1878. Strittig ist, ob am Nationalfeiertag, dem 14. Juli, oder am 1. November. Unstrittig ist aber, dass diese Marianne die älteste in ganz Frankreich ist, das Original und Vorbild für alle Statuen oder Büsten in den Rathäusern des Landes.

Sie trägt einen Lorbeerkranz statt der üblichen phrygischen Mütze, ist aber an der Tafel mit der Erklärung der Menschenrechte eindeutig als Marianne erkennbar. Seit Eugène Delacroix' Bild »Die Freiheit führt das Volk« von 1830 und endgültig nach der Revolution 1870 ist sie die Verkörperung der Nation. Brigitte Bardot, Catherine Deneuve und Sophie Marceau standen unter anderem Modell für die Büsten. Wem die Marianne von Marseillan nachempfunden wurde, ist unbekannt. Die Figur selbst geht auf ein provenzalisches Lied von Guillaume Lavabre aus Puylaurens im Midi zurück.

Adresse Place de la Republique, 34340 Marseillan | **ÖPNV** Bus 9 (Sète–Marseillan), Station Place de la République | **Anfahrt** D 51 | **Tipp** Am Étang (7, Chemin du Canal du Midi) ist ein Stützpunkt von »Les Glénans«, der berühmtesten Segelschule Frankreichs, ursprünglich 1947 in der Bretagne von den Résistance-Mitgliedern Hélène und Philippe Viannay für ihre Mitstreiter gegründet.

71 Die Papiermühle

Handgeschöpftes Papier aus der Wassermühle

Gut 20 Kilometer nordwestlich der Festungsmauern von Carcassonne, mit dem Fahrrad je nach Fitnesszustand ein Trip von 40 bis 90 Minuten, liegen im Tal des Flüsschens Dure die beiden kleinen Dörfer Brousses und Villaret. Schon der Weg lohnt sich. Er führt durch die Weinberge des Cabardès und über Alleen, gesäumt von Platanen und Eichen.

In Brousses steht, im Prinzip auf der Dure, ein malerisches Ensemble alter Natursteinhäuser: eine Papiermühle, die letzte ihrer Art im Languedoc. 1981 als unrentabel stillgelegt, wurde die Mühle 1993 wiedereröffnet. Hier entsteht nach alter Tradition und mit alten Maschinen handgeschöpftes Papier, jedes Blatt einzeln. Früher wurden in der Mühle die dünnen Seidenpapierbögen hergestellt, um die Tuche der königlichen Stoffmanufaktur von Carcassonne darin einzuschlagen. Heute wird wieder hochwertiges Papier produziert. Daneben ist die Mühle Heimat- und Handwerksmuseum, das eine wunderbare Zeitreise ermöglicht, weil es alte Kunstfertigkeit vermittelt, ohne altbacken zu sein. Besucher können ihr eigenes Papier schöpfen und die Produkte auch kaufen. Viele Künstler schätzen das Papier und auch die großformatigen Bogen für Aquarelle oder den Druck von Radierungen.

André Durand, der kenntnisreich die Führungen durch die Mühle leitet, ist Papiermacher in der siebten Generation, seine Familie betreibt die Mühle seit 1820! Er kennt sich aus, erklärt (nur auf Französisch), wie die Turbine Becherräder und Holländer zur Zerkleinerung der Lumpen antreibt, zeigt, wie aus Jeansflicken blaues Papier entsteht, wie der Zellstoff gebleicht oder gefärbt und später geschöpft wird. Bis vor Kurzem wurde auch Elefantendung aus dem Tierpark Sigean zu geruchsneutralem Papier verarbeitet. Ein Verkaufsschlager, der leider wegen COVID-19 verboten wurde. Komplettiert wird die Ausstellung durch mondäne Kleider, die vollständig aus Papier gefertigt sind.

Adresse Cambou, 11390 Brousses-et-Villaret, Tel. +33 (0)4/68266743, www.moulinapapier.com | **Anfahrt** D 48 oder D 103 (Route de Cuxac), den Schildern folgen | **Öffnungszeiten** Juli, Aug. täglich 10–18 Uhr, Sept.–Juni täglich 10–12 und 14–18 Uhr | **Tipp** Die Schmiede »La Forge de Montolieu«, früher ebenfalls eine Wassermühle, ist heute ein Hotel. Ein wahres Idyll ist der 3,5 Hektar große, parkähnliche Garten. Nach Absprache mit den Besitzern Laure und Charles Cowen kann er besichtigt werden (Tel. +33 (0)4/68766053).

72 Die Pfahlbauten

Historische Strandhütten als Feriendomizil

Viele fühlen sich in Gruissan Plage in die USA, nach Miami oder an die Küsten der Südstaaten, versetzt. Quatsch! Sagen Kinoenthusiasten. Das ist eindeutig Beineix' »Betty Blue – 37,2 Grad am Morgen«. Puristen mäkeln, die Holzhütten seien verschandelt, ihre Stelzen nicht mehr zu erkennen, der freie Raum zugebaut. Recht haben alle. Aber vor allem ist die Strandsiedlung schön, besonders wenn es in der Nebensaison leerer wird. Allein, nur ganz wenige der 1.300 Holzchalets, genannt *pilotis*, sind im ursprünglichen Zustand erhalten, als Hütten mit großer Veranda, die zum Schutz gegen Winterhochwasser auf Stelzen stehen.

Als um 1860 das Baden in Mode kam, fuhren Familien aus der Umgebung für einige Tage ans Meer und nutzten stoffbespannte Holzwagen zum Übernachten. Wenig später entstanden erste feste Häuschen. Doch Winterstürme und Hochwasser schwemmten diese weg. 1928 kaufte die Gemeinde Gruissan den Strand, errichtete und verpachtete einfache Hütten. 1947 plante der Pariser Architekt Raymond Coquerel die jetzige Siedlung von Stelzenhäusern, die im 45-Grad-Winkel zum Meer stehen. So passen mehr Hütten auf die Fläche, und der Strand ist besser vor Winderosion geschützt. Das »Sägezahnprinzip« mit versetzten Bauten bietet auch aus der zweiten und dritten Reihe noch Sicht aufs Meer. Die originalen Holzhäuser der Firma Pécou aus den Bergen Hochsavoyens stehen bis heute. Sie wurden modernisiert, bekamen Wasser- und Stromanschluss. In den 1970er Jahren wären sie beinahe abgerissen worden, bevor der Kultfilm von Jean-Jacques Beineix sie wieder in Mode brachte. Manche wurden zu teuren Luxusobjekten ausgebaut, andere werden als Ferienhäuser vermietet. Weil inzwischen ein Deich das Hochwasser abhält, wurden viele Freiräume zwischen den Stelzen verbotenerweise zugebaut. Immerhin: Gut 50 *pilotis* sind noch weitgehend im Originalzustand erhalten und stehen jetzt unter Schutz.

Adresse Plage des Chalets, 11430 Gruissan, Office de Tourisme: Tel. +33 (0)4/68490900, www.gruissan-mediterranee.com | Anfahrt D 132 | Öffnungszeiten von außen jederzeit zu besichtigen | Tipp Vom Château de Gruissan ist nur noch der Barbarossa-Turm erhalten. Der ist dafür besonders malerisch und bietet einen tollen Ausblick auf Étang, Küste und Dorf. Vom Hügel aus kann man auch erkennen, dass Gruissan eine Circulade, ein Runddorf, ist.

73 Die Platanen

Von Schönheit und Krankheit

Die Idee, die Kanalufer durch das Wurzelwerk von eigens zu diesem Zweck gepflanzten Bäumen zu befestigen, hatte schon Pierre-Paul Riquet. Zu seinen Lebzeiten wurden Weiden gesetzt. An die Uferböschungen pflanzte man Schwertlilien. Später kamen Pappeln und Maulbeerbäume für die Seidenindustrie hinzu. Insgesamt stehen 190.000 Bäume an den Ufern des 240 Kilometer langen künstlichen Flusses. Ein einzigartiges Ökosystem. Wunderschön dazu.

Nach 1790 pflanzte man vor allem Platanen. Sie säumten rund die Hälfte der Strecke; 42.000 mächtige Bäume, bestens geeignet als Uferbefestigung. Ihre ausladenden Kronen bildeten einen grünen Tunnel, der die Wasserverdunstung in den heißen Sommern des Midi eindämmte und Sonnenschutz beim Treideln bot. Die Platanen prägten das Bild des Kanals. Bislang. Denn seit 2005 sind viele alte Bäume von der Pilzkrankheit Massaria, genannt Platanenkrebs, befallen. Es gibt kein Gegenmittel, kranke Bäume sterben in zwei bis drei Jahren ab. Viel schlimmer: Sie infizieren über ihr verflochtenes Wurzelwerk die Nachbarbäume. Auch Boote, die außerhalb der vorgesehenen Zonen ankern, tragen zur Verbreitung des Pilzes bei. Man hat versucht, kranke Bäume schnell zu erkennen und zu fällen. Inzwischen werden große Strecken am Stück gerodet, geschreddert und verbrannt. Und doch sind 30 Prozent der Platanen dem Pilz zum Opfer gefallen, ein Ende des Sterbens ist nicht abzusehen. Mancher Bootstourist genießt den weiten Blick, der sich durch das erzwungene Abholzen Richtung Pyrenäen bietet, nur um festzustellen, wie wichtig Schatten ist. Natürlich wird aufgeforstet, aber zigtausend alte Bäume sind nicht so schnell zu ersetzen. Ihr Nachwachsen braucht Zeit. An manchen Stellen, wie bei Poilhes, stehen neu gesetzte Reihen junger Bäume altem Bestand gegenüber. An der Schleuse von Fonserannes wird das Aufforstungsprogramm mit Infotafeln ausführlich erklärt.

Adresse Avenue de Nissan/D 37, 34310 Poilhes; Écluse Fonserannes: siehe Ort 94 | Anfahrt D 37 | Tipp Neue Platanen werden im Abstand von fünf bis acht Metern gepflanzt. Das Programm ist nicht nur aufwendig, sondern auch teuer. Unter der Adresse www.replantonslecanaldumidi.fr werden Spenden zur Rettung des Weltkulturerbes gerne entgegengenommen.

74 Das Polizeipräsidium

Art déco im mittelalterlichen Carcassonne

Im Jahr 1355 ließ der Schwarze Prinz, Edward Plantagenet Prince of Wales (1330–1376), die Unterstadt von Carcassonne bis auf die Grundmauern niederbrennen. Die Cité blieb dagegen verschont. Nur vier Jahre darauf wurde die Ville-Basse als befestigte Bastide Saint-Louis in Trapezform und kleiner als zuvor neu gebaut. Das Schachbrettmuster ihrer rechtwinklig angelegten, meist engen Gassen um die Place Carnot im Zentrum ist bis heute nahezu unverändert. Es bietet das geschlossene, stilistisch einheitliche Bild einer mittelalterlichen Bastide. Und dann landet der auf der Rue Courtejaire schlendernde Passant unvermittelt vor dem wuchtigen Einschlag der Moderne ins Mittelalter. Direkt nebeneinander stehen das Théâtre Jean Alary und das Präsidium der Police Municipale, beide spätes Art déco, sehr auffällig, sehr schön. Und sehr unerwartet.

Aber Achtung, die Rue Courtejaire ist so eng, dass man schnell an den beiden sehr besonderen Bauten vorbeigelaufen ist, und das wäre schade. Das Polizeipräsidium wurde 1935 zunächst als Hôtel de Ville in Dienst gestellt. Besonders augenfällig hier die rechtwinklig eingeschnittene Ecke mit dem Uhrenturm über der Einfahrt in den Hof. Ein Polizeipräsidium ist sicher ein eher ungewöhnlicher Ort für Sightseeing, aber dieses ist, zumindest von außen betrachtet, eine echte Schönheit. Vorsicht beim Fotografieren, das ist in Frankreich eigentlich nicht erlaubt.

Das Theater gehört zu den letzten fertiggestellten Bauten des Pariser Architekten Marcel Oudin (1882–1936), der auch das Casino de Paris entworfen hat. Wem es nicht genügt, draußen die Travertinfassade des Gebäudes zu bewundern, sich aber keine Theatervorstellung auf Französisch zutraut, dem sei als sehr guter »Ersatz« ein Besuch der »Bar Éphémère« im ersten Stock das Hauses empfohlen. Die öffnet zwei Stunden vor jeder Vorstellung und ist pures Art déco. Auch das: ein Kunstgenuss.

Adresse Police Municipale: 39, Rue Aimé Ramond, 11000 Carcassonne, Théâtre Jean Alary: 6, Rue de Courtejaire, 11000 Carcassonne, Tel. +33 (0)4/68115915, www.theatre.carcassonne.org | Anfahrt Juni–Sept. verkehrt ein kostenloser Mini-E-Bus (TOUC) in der Ville-Basse ohne feste Haltestellen | Öffnungszeiten das Theater ist zu Veranstaltungen geöffnet | Tipp Die grandiosen *hôtels particuliers* (Stadtpalais) von Carcassonne sind leider meist nicht zugänglich. Ausnahme: »La Maison des Mémoires Joë Bousquet« in der Rue Verdun 53.

75 Die Prächtige

Die reich verzierte Klosterruine Villelongue

Um 1149 gründete der Zisterziensermönch Guillaume de Compania aus dem Kloster Bonnefont (bei Saint-Gaudens) ein neues Abteikloster in der Nähe von Saissac, in der hierarchischen Abhängigkeit der Primärabtei Morimond. 1170 wurde es an einen klimatisch günstiger gelegenen Ort am Ufer der Vernassone nahe Saint-Martin-le-Vieil verlegt. Dieses Kloster Sainte-Marie-de-Villelongue kam schnell zu Reichtum, besaß Gutshöfe, verwaltete Priorate und stand einem Nonnenkloster vor. Mit der Pestepidemie von 1348 begann der Niedergang, gefolgt von Plünderungen der Calvinisten während der Religionskriege 1568. Zu Beginn der Französischen Revolution 1789 lebten nur noch zwei Mönche in den verfallenden Gemäuern. Das Kloster wurde säkularisiert und verkauft. 1963 erwarb Dr. André Eloffe die Ruine und begann mit ersten Restaurierungen. Bis heute haben die Arbeiten eine Million Euro verschlungen. In den wiederaufgebauten Gebäudeteilen betreiben Jean und Maryannick Eloffe seit 1992 eine kleine Pension.

Die Besonderheit von Villelongue sind die ausgesprochen prächtigen Verzierungen an der südlichen Galerie des Kreuzgangs und in der Kirchenruine. Sie zeigen Pflanzen und Ranken, aber auch Menschen, Tiere und Ungeheuer. Figürliche Darstellungen waren nach den Ordensregeln des Bernhard von Clairvaux aber nicht nur als Luxus verpönt, sondern sogar ausdrücklich verboten. Nichts sollte die Mönche von ihren Gebeten ablenken. Und die Figuren in Villelongue sind so außergewöhnlich, dass der Grund für das Verbot nachvollziehbar wird. Wer sie warum geschaffen hat? Niemand weiß es. Refektorium, Küche und Kapitelsaal sind erhalten, ebenso die Ostflügel von Kirche und Sakristei mit Relikten von Fresken aus dem 13. Jahrhundert. Sie zeigen den Kampf des heiligen Michael mit dem Drachen. Teufelsfratzen zieren eine Ecke und die Treppe zum Turm. Die Gemeinschaftsräume der Mönche sind heute Gästezimmer.

Adresse 7–9, Hameau de Villelongue, 11170 Saint-Martin-le-Vieil, Tel. +33 (0)4/68769258 und (0)6/61443624, www.abbaye-de-villelongue.com | Anfahrt D 64 | Öffnungszeiten Juli, Aug. täglich 14–18.30 Uhr, April–Juni und Sept. Sa 14–16 Uhr und So 14–18.30 Uhr | Tipp In Saint-Martin-le-Vieil sollte man die *Cruzels* besichtigen, in den Fels gegrabene Wohnhöhlen (Troglodyten) aus dem 9. Jahrhundert. In Aragon stehen auf dem »Circuit des Capitelles« 17 Hirtenhütten, aus Trockenstein ohne Zement gesetzt.

76 Das Quadrat

Der imposante Klotz Schloss Montmaur Lauragais

Der Midi ist sonnenverwöhnt, Hektik ist den Menschen eher fremd. Er ist eine alte Kulturlandschaft, die vieles erlebt hat. Passt man sich dem bedächtigen Lebensrhythmus an und nimmt sich Zeit, trifft man allenthalben auf interessante Menschen, auf tolle Geschichten und eindrucksvolle Bauwerke. Noch im kleinsten Weiler finden sich eine (meist romanische) Kapelle und ein Schloss.

Die Schlösser sind häufig in Privatbesitz und nicht öffentlich zugänglich – außer am dritten Septemberwochenende, den »Journées du Patrimoine«, den Tagen des offenen Denkmals. Manche bieten Gästezimmer im gehobenen oder auch nur historischen Ambiente. Ansonsten muss man sich damit begnügen, die alten Gemäuer von außen zu bewundern, oder man setzt sich bei Rotwein oder wahlweise Kaffee so lange ins örtliche Pferdewett-Café (»PMU«), bis man vom Schlossbesitzer eingeladen wird. Man könnte sich auch mit einem Immobilienmakler zur Besichtigung verabreden, denn gar nicht selten stehen die Anwesen zum Verkauf.

Schloss Montmaur kann man gut von außen besichtigen. Es ist nicht von Latifundien umgeben, sondern steht mitten im Dorf, direkt an der Hauptstraße neben der Kirche. Was für ein Klotz. Fast quadratisch – 60 mal 55 Meter –, mit Rundtürmen an den vier Ecken, ist Montmaur eines der ganz wenigen Schlösser, das weitgehend unverändert sein fast primitives mittelalterliches Aussehen bewahrt hat. Die Sprossenfenster sind teils kaum größer als die Schießscharten, die Wasserspeier in Gestalt von Fratzen. Das Eingangstor an der Straße mit Pech-Erkern unter dem Wachzimmer wirkt wie nachträglich angeflanscht. Früher öffnete es sich zum ersten Hof mit dem eigentlichen Eingang. Über dessen Tor »klebt« erneut ein Wachhaus mit Pech-Erkern an der Außenmauer. Seit 1495 dominiert der Klotz das winzige Dorf. Auch dieses Schloss ist in Familienbesitz und daher für Besucher nicht zugänglich.

Adresse 6, Rue de la République, 11320 Montmaur | Anfahrt D 1 | Tipp In der näheren Umgebung stehen unter anderem das Château d'Airoux, das Château de Baraigne, das Château de Belflou, das Schloss von Saint-Félix-Lauragais und das von Salles-sur-l'Hers. Die kann man auch von innen besichtigen.

77_Die Quellen

Im Eichenwald von Caudebronde

Kaum 25 Kilometer nördlich von Carcassonne in den Bergen der Montagne Noire liegt auf gut 600 Metern Höhe das Dörfchen Caudebronde. Es kommt vor, wenn auch immer seltener, dass es hier im März noch mal richtig schneit. Ansonsten liegt der Ort etwas ab vom Schuss, verborgen in dichten Eichenwäldern. Die Dure plätschert malerisch zwischen den Häusern aus Bruchstein und Schiefer. Viel los ist hier nicht, und ebendas macht den Charme von Caudebronde aus.

In den Wäldern ringsum suchen die einen nach Uhus und Zwergadlern, andere nach Pilzen und wilden Beeren. Erfolgversprechend ist beides, was gefährlicher ist, sei dahingestellt. Man kann aber auch einfach nur einem der ausgeschilderten Wanderwege entlang der Dure folgen und dabei die ein oder andere Quelle samt Brunnen entdecken. Ein gutes Dutzend findet sich in der Umgebung, einigen sprechen die Einheimischen heilende Wirkung zu. Die »Source de la Félide« ist nicht, wie Lateinkundige vermuten, die Quelle der Katzen. Das okzitanische *fél* bedeutet Galle, und so soll das Wasser auch Abhilfe bei Leber- und Gallenleiden schaffen. Die Wasserstelle ist ebenso ausgeschildert wie die »Source de Peyremale«, die Quelle des schlechten Steins. Sie speist auch das alte *lavoir* von Caudebronde, die öffentliche Waschstelle, die schön hergerichtet ist. Hübsch ist zudem die »Quelle« neben dem Rathaus am Lindenplatz, der Place des Tilleuls.

Am besten startet man die Wanderung aber ein Stück vor dem kleinen Bergdorf, bei der Chapelle Saint-Pierre. Nicht allein, um die gedrungene, schiefergedeckte Kapelle mit der alten Holztür zu betrachten. Folgt man dem Weg dahinter, kommt man zur ummauerten Quelle »Saint-Pierre«, deren Wasser der Volksmund Heilkraft bei Augenleiden nachsagt. Mit Wanderkarte kann man nun diesem Weg bis Caudebronde und Le Martinet circa fünf Kilometer folgen, oder man überquert die D 118 und wandert entlang der Dure.

Adresse Chapelle de Saint-Pierre: À Saint-Pierre, 11390 Caudebronde | Anfahrt D 118, Raststätte »Aire de Repos Saint-Chapelle«, dort beginnt neben der Kapelle der Wanderweg | Tipp Der Stausee von Laprade-Basse dient der Stromgewinnung und als Trinkwasserreservoir. Ein angelegter Weg führt vorbei an Anglern und dem fleischfressenden Sonnentau ins Torfmoor. Zum Schwimmen muss man circa 20 Kilometer weiter zum Lac du Lampy.

78 Das Rätsel

Der Aquädukt von Ansignan

Die Geschichte des Midi birgt eine Menge Rätsel, für die es bis heute keine wissenschaftlich befriedigende Erklärung gibt. Eines der größten steht unterhalb des Dorfes Ansignan: ein Aquädukt, einfach so, mitten in der Landschaft. Ein Baudenkmal eindeutig römischen Ursprungs, umgebaut zur heutigen Form im 9. Jahrhundert, technisch brillant und in sehr passablem Zustand. 29 Bögen mit unterschiedlichen Maßen bilden einen 170 Meter langen, zwölf Meter hohen Aquädukt, in dem eine begehbare Brücke verborgen ist. Er ist nicht so elegant wie der Pont du Gard, eher gedrungen, aber ungefähr ebenso alt. Die Frage ist nur: Warum steht er hier?

Die Wasserleitung überbrückt den Fluss Agly. Im Hochsommer eher ein Rinnsal, kann er nach heftigen Regenfällen auch schon mal auf eine Breite von 25 Metern anschwellen. Insofern ist der Nutzen einer Brücke nachvollziehbar. Ansignan lag in der römischen Provinz Gallia Narbonensis, auch das ist klar. Nur war Ansignan nie ein Ort, der eine solch riesige Wasserleitung brauchte. Es gibt auch kein Schriftstück, keine Überlieferung mit Hinweisen oder Baupläne. Aber der Aquädukt, der ist eindeutig da.

Natürlich schießen da wilde Geschichten ins Kraut. Rationale Geister vermuten schlicht, Bürokraten hätten zu allen Zeiten seltsame Ideen gehabt. Andere wollen das Bauwerk dem keltischen Stamm der Tektosagen zuschreiben. Es sei auch gar kein Aquädukt, sondern ein Kalender. Manche sehen die Templer als Baumeister an, können aber nicht erklären, welchem Zweck das Monument dienen sollte. Sehr gediegen ist die These, Frankenkönig Hugo Capet, Ahnherr der Kapetinger, habe ihn als Teil einer Leitung bis zum Euphrat und den »Hängenden Gärten der Semiramis« konzipiert. Was kümmert es den Aquädukt? Er funktioniert bis heute, man kann ihn auch als Brücke benutzen. Am Dorfeingang und -ausgang sind jeweils Wege ausgeschildert.

Adresse Avenue de l'Hôtel de Ville, 66220 Ansignan | **Anfahrt** D 619, GPS 42°45'54.0"N 2°30'53.0"E | **Tipp** Der Agly entspringt am höchsten Berg der Corbières (1.230 Meter), dem mythischen Pic de Bugarach. Seine ungewöhnliche Form verdankt der weithin sichtbare Gipfel einer geologischen Überschiebung – der obere Teil ist älter als der Fuß. Der Berg spielte eine wichtige Rolle als Beobachtungspunkt bei der Bestimmung des französischen Urmeters durch Pierre Méchain.

79 Das Rodeo

River Rafting auf der Aude

Wer die Aude bei Carcassonne sieht, kann sich nur mit Mühe vorstellen, dass der Fluss andernorts nicht schiffbar, weil viel zu wild ist. Folgt man aber dem Lauf in südlicher Richtung hin zur Quelle in den Pyrenäen, wird es schnell anschaulich: Je enger das Flusstal wird, desto mehr Stromschnellen und Katarakte gibt es. Der Oberlauf der Aude ist weitgehend naturbelassen mit jeder Menge Weißwasser. Ein ideales Gebiet für Wassersportler, und so finden sich neben schönen Wanderwegen alle paar Kilometer Kanustationen, bei denen man ruhige, aber auch anspruchsvollere Paddeltouren buchen kann.

Wer es gerne ein bisschen wilder mag, der ist zum Beispiel bei »Oxygen Aventure« gut aufgehoben. Von Canyoning über Rafting bis Hydrospeed und Höhlenklettern werden hier Touren und Kurse angeboten, und das in Schwierigkeitsgraden vom Anfänger bis zum Halbprofi. Canyoning, zu deutsch Schluchteln, nennt man das Abenteuer, enge, tiefe Schluchten zu durchklettern: Abseilen, Rutschen, Springen, Schwimmen und auch Tauchen gehören dazu. In voller Ausrüstung mit Seil, Helm und Neoprenanzug ist das auch in der Kategorie Anfänger nichts für ängstliche Gemüter. River Rafting nennt man Wildwassertouren im Schlauchboot. Auch die kann man in unterschiedlichen Schwierig- und Geschwindigkeiten in Booten für zwei bis acht Personen unternehmen. Beim Hydrospeed liegt man bäuchlings auf einem Bodyboard, trägt wiederum Helm und Neopren und lässt sich durch die Stromschnellen treiben und gleiten. Ein Riesenspaß für alle, die ihr Alter nicht unterschätzen und die sportlichen Fähigkeiten nicht überschätzen. Aber das wird im Vorfeld bei der Buchung besprochen.

Zum Angebot an Freiluftsport und Abenteuer zählen auch Klettertouren zur Erkundung von Höhlen oder auf angelegten Klettersteigen. Die Familientouren sind für Kinder ab sechs Jahren geeignet.

Adresse Oxygen Aventure: Route de Cavirac, 11500 Belvianes-et-Cavirac und Rue de la Paychère, 66220 Saint-Paul-de-Fenouillet, Tel. +33 (0)6/82698300 und +33 (0)4/30638312, www.oxygen-aventure.com | Anfahrt D 117 | Öffnungszeiten wetterabhängig meist April–Okt. und nach Vereinbarung | Tipp Noch ein bisschen mehr Adrenalin gefällig? Am Flughafen Lézignan-Corbieres kann man Flüge im Ultraleichtflieger für ein bis drei Personen buchen, zum Beispiel eine Stunde über die Corbières und die Katharerburgen (Infos auf www.franceaeroformation.fr).

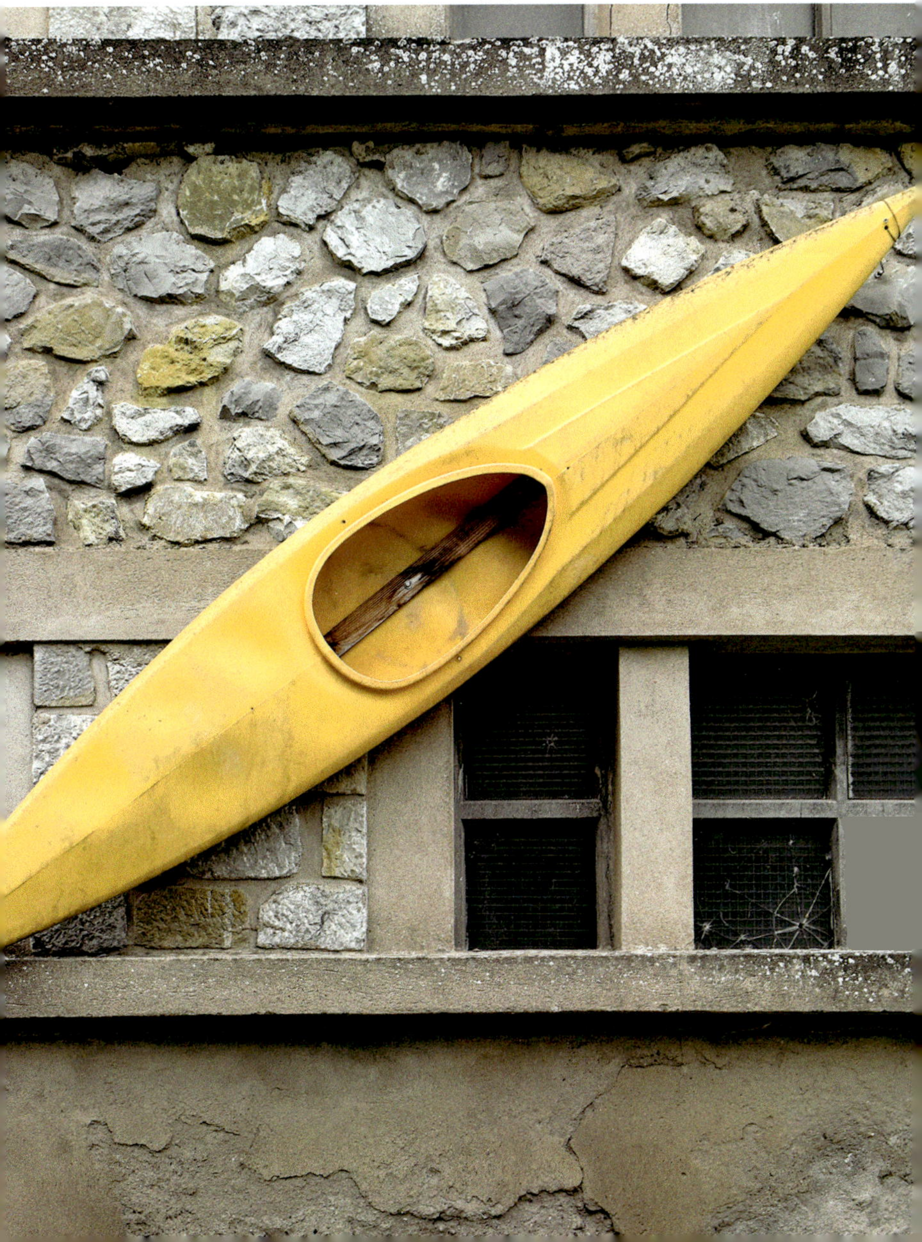

80 Das Rosendorf

Camon, genannt Klein-Carcassonne

Der häufig zitierte Beiname Klein-Carcassonne beschreibt Camon nicht wirklich zutreffend, es sei denn, man erreicht das schöne alte Wehrdorf im spätherbstlichen Morgennebel. Dann bietet es nämlich einen sehr besonderen Anblick plus Ausblick auf die schneebedeckten Pyrenäen. Ansonsten wirkt der Name doch etwas übertrieben. Der selbst gewählte Titel »Rosendorf« trifft es dafür umso besser. Camon kann man tatsächlich riechen. Kein Haus, vor dem nicht mindestens ein Rosenstock stünde. In allen Farbschattierungen, einige frisch gesetzt, andere alt und unterdessen haushoch gewachsen. Eine Blütenpracht ohnegleichen, und das mehrfach im Jahr. Dazu der Duft. Allein dafür lohnt die Fahrt.

Noch interessanter ist, was Camon vor allzu eiligen Besuchern verbirgt. Die Legende behauptet, Charlemagne (Karl der Große) habe 778 das Kloster gegründet. Das älteste bekannte Zeugnis stammt aber aus dem Jahr 943, benennt Camon als Nebenstelle des Klosters Lagrasse. Die trutzige Kirche, so wie man sie heute sieht, wurde tatsächlich erst Anfang des 16. Jahrhunderts errichtet. Aus derselben Zeit stammt ihr bemaltes Inneres, das man nur bei zuvor vereinbarten Führungen besichtigen kann (Tel. +33 (0)5/61688376).

Richtig spannend wird es aber, besucht man das wunderbare Hotel, dass Katie und Peter Lawton in der alten Abtei führen. Der Innenhof ist schon optisch ein Traum, erst recht aber, wenn er, wie die riesige Gesindeküche daneben, als Restaurant eingedeckt ist. Noch grandioser sind die mittelalterlichen Fresken mit Jagd- und Tierszenen, die hier im Putz des ersten Stockwerks freigelegt wurden. Vom Innenhof gelangt man unter Peters Führung in eine höhlenartige Krypta, auf deren Rückwand eine noch ältere Bemalung zu erkennen ist, die auch dort direkt in den Putz gemalt wurde. Und plötzlich erweist sich die Bezeichnung Klein-Carcassone dann doch als gar nicht so übertrieben.

Adresse L'Abbaye-Château de Camon: 09500 Camon, Tel. +33 (0)5/61603123, www.chateaudecamon.com | **Anfahrt** D 7 | **Öffnungszeiten** jederzeit zugänglich | **Tipp** Zu Recht berühmt für ihre Freskenmalerei ist auch die Höhlenkirche von Vals. Man fährt von Camon aus über Mirepoix Richtung Pamiers. Die merowingische Nekropole bei Teilhet ist eher etwas für Spezialisten, die den Umweg nicht scheuen.

81 Die Ruinen

Die vier Schlösser von Lastours

Ein Felskamm, genauer ein schmaler Grat, erhebt sich 360 Meter über den Flüssen Orbiel und Grésillou. Darauf reihen sich direkt hintereinander vier Schlösser, besser gesagt Ruinen: Cabaret, Turm Régine, Surdespine und Querthineux. Sie haben keine gemeinsame Struktur und gehören doch zusammen, waren als Ensemble der Familiensitz der Seigneurs de Cabaret. Zusammen nennt man sie und die kleine Ortschaft Lastours (Die Türme). Ein phänomenaler Anblick, ob nun vom Belvédère des gegenüberliegenden Hügels oder vom kürzlich angelegten Kammweg aus. Es gibt wenig Vergleichbares.

Die Seigneurs de Cabaret waren Katharer, reich durch die Ausbeutung der lokalen Erzvorkommen und offenbar eine ziemlich große Familie. Ihre Burgen und die zugehörigen Dörfer waren im Mittelalter ein wichtiges wirtschaftliches und religiöses Zentrum. Eisen, Kupfer und Blei, aber auch Silber und Gold wurden abgebaut und verhüttet. Obwohl sie die Burgen während des Albigenserkreuzzugs letztlich kampflos an Simon de Montfort, den Oberbefehlshaber der päpstlichen Armee, übergaben, wurden diese geschleift. Jedenfalls drei von ihnen. Der Turm Régine mit seiner Zisterne entstand als Königsburg und Zeichen des Sieges über die »Ketzer« erst nach 1260.

Heute kann man das alles besichtigen. Manche begnügen sich mit dem Blick vom Belvédère aus oder gehen gerade noch bis zur sogenannten Bank der Engländer. Doch hat man einiges verpasst, nimmt man nicht die dreistündige Wanderung über den Höhenweg in Angriff. Der Weg beginnt an der ehemaligen Textilfabrik im Ort unten im Tal und führt durch das von der Archäologin Marie-Elise Gardel entdeckte, teilweise wiederaufgebaute Dorf zu den vier Schlössern. Das ist, ob nun eigenständig, mit Audioguide oder auf einer geführten Tour, ein tolles Erlebnis. Eine Zeitreise vorbei an mittelalterlichen Häusern und einer Schmiedehütte bis zu den Burgruinen.

Adresse 22, Route des Quatre Châteaux, 11600 Lastours, Tel. +33 (0)4/68775602, www.chateauxdelastours.fr | ÖPNV Cars Teissier: Ligne 43 (Carcassonne–Mas-Cabardès), Station Lastours | Anfahrt D 101 | Öffnungszeiten April–Juni täglich 9–18 Uhr, Juli, Aug. 9–20 Uhr, Sept., Okt. 10–17 Uhr, Nov., Dez. und Feb., März nur an einzelnen Tagen | Tipp Wer den Ausflug kulinarisch abrunden will, ist bei Jean-Marc Boyer gut aufgehoben. Man hat die Wahl zwischen Sterneküche im »Le Puits du Trésor« (Reservierung empfohlen) oder der bodenständigen Variante im »Diable au Thym« (bisweilen mit Wartezeit).

82 Die Saline

Die Île Saint-Martin bei Gruissan

Und wäre es nur wegen der Farben, die Saline Île Saint-Martin muss man einfach gesehen haben. Die Palette reicht von Weiß über Zartrosa bis zu Meerblau, Ultraviolett und Rostrot. Es ist unfassbar schön. Und das auf einer Fläche von 400 Hektar. So groß sind die Salzteiche auf dem Étang de l'Ayrolle, direkt unterhalb der Kalkfelsen des Weinbaugebiets La Clape. Für die phantastische Farbgebung der künstlichen Becken ist Plankton verantwortlich, das nämliche übrigens, das auch für das rosafarbene Federkleid der Flamingos sorgt, die hier bisweilen anzutreffen sind.

Das Meersalz von Gruissan wird auf traditionelle Art gewonnen. In den kühleren Monaten von Oktober bis März reichert das Plankton das Wasser in den Becken mit besonders viel Salz an. Für das Austrocknen sorgen dann die Sommersonne und die starken Fallwinde aus den Bergen der Corbières. Die feinen Kristalle des »Fleur de Sel« werden von Hand geschöpft, das grobe Industriesalz per Schaufel oder Bagger abgebaut.

Beinahe wäre das alles nur noch Geschichte, Erinnerung, kaum mehr als ein paar langsam vergilbende Fotos. Denn der Konzern »Salins du Midi« hatte die Salzteiche bereits als unrentabel geschlossen. 2008 gewannen die Arbeiter einen Prozess und damit das Recht, die Saline in Eigenregie weiter zu betreiben. Heute gehören zur Saline Bars und Restaurants, die unter anderem selbst produzierte Muscheln und Austern anbieten. Ein kleines Museum erklärt Handwerk und Geschichte der Salzgewinnung. Es gibt Führungen durch die Saline und die Marschlandschaft, Kunsthandwerk und natürlich einen Shop für Meersalz, ob grob oder fein, pur oder mit Gewürzen gemischt. Was heute das Einkommen der Arbeiter eher sichert, die Salzgewinnung oder die Direktvermarktung, sei dahingestellt. In jedem Fall ist es eine gelungene Initiative. Und das Farbenspiel in den Salzbecken ist zu jeder Tages- und Jahreszeit ein Erlebnis.

Adresse Route de l'Ayrolle, 11430 Gruissan, Tel. +33 (0)4/82531061, www.lesalindegruissan.fr | Anfahrt D 232 | Öffnungszeiten Feb.–Okt. täglich 10–22 Uhr, Nov.–Jan. 10.30–13 und 14–18 Uhr, Führungen (Dauer 1,5 Stunden) Feb.–Okt. 11, 15, 16.30 und 18 Uhr | Tipp Gleich nebenan bei »Trott up« kann man Touren auf extrem geländegängigen, fahrradähnlichen Elektrorollern buchen. Auf unterschiedlichen Strecken von bis zu 20 Kilometern Länge geht es durch Saline und Weinberge. Wer mag, auch mit Verkostung.

83 Der Schatz

Die Kragsteine von Trèbes

Auch vielen Franzosen ist das Städtchen Trèbes, östlich von Carcassonne, erst seit 2018 ein Begriff. Im März erschütterte eine Geiselnahme durch Islamisten mit vier Toten die Gemeinde und das Land. Im Oktober meldete Trèbes dann »Land unter«. Das Wasser stand sieben Meter über Normal. Hier, wo Aude und Canal du Midi parallel durch die Stadt fließen und zudem der Orbiel einmündet, waren die Fluten nicht mehr beherrschbar. Zwei Katastrophen in nur einem Jahr.

Zum Glück kann man über Trèbes auch eine viel schönere Geschichte erzählen: die eines Schatzfundes. Wobei auch die mit einem Unglück beginnt. In der Nacht zum 1. Oktober 1977 stürzten in der Kirche ein paar ordentliche Brocken der uralten, abgehängten Decke herunter, direkt vor den Altar. Da war alles für die Hochzeit vorbereitet, die für den folgenden Nachmittag an ebendieser Stelle geplant war. Nach erstem Schreck und Aufräumen wurde kontrolliert, ob weitere Einstürze zu befürchten wären. Als man den Hohlraum über der Zwischendecke ausleuchtete, schien alles in Ordnung. Und dann traf der Strahl der Lampe eher zufällig auf die echte Decke. Wie die aussah, war im Laufe der Zeit in Vergessenheit geraten. Zum Vorschein kam ein wahrer Schatz: die Kragsteine der Eichendecke aus dem 14. Jahrhundert waren samt und sonders bemalt und zum Teil geschnitzt. Sie zeigen Aspekte des mittelalterlichen Lebens. Es gibt Bauern und Ritter, Hofdamen und Könige, Mönche, Bettler und verschiedene Tiere. Insgesamt 175 Balken mit bemalten Kragsteinen an beiden Enden, vor allem Porträts. Die Kleidung verweist auf den jeweiligen sozialen Status der Personen; die Gesichtszüge sind individualisiert, aber nicht erkennbaren historischen Personen zuzuschreiben.

Die Kirche ist zur Messe geöffnet, aber man bucht besser beim Office de Tourisme eine Führung. So stört man weniger und sieht mehr. Es lohnt sich, selbst wenn man nicht alles versteht.

Adresse Église Saint-Etienne: Rue du Quatorze Juillet, 11800 Trèbes | **ÖPNV** Bus 10 (Carcassonne Agglo), Station Pierre Loti | **Anfahrt** D 610 | **Öffnungszeiten** So und nach Vereinbarung: Office de Tourisme, 12, Avenue Pierre Curie, Tel. +33 (0)4/68788950, www.ville-trebes.com | **Tipp** Bei Trèbes fließen Aude und Canal du Midi kilometerlang nebeneinander. Von der schönen Kanalbrücke über den Orbiel führt der Weg auf der Insel nach Westen, vorbei an der Écluse du Moulin bis zu der Stelle, an der Fluss und Kanal kaum zehn Meter trennen.

84 Der Scheiterhaufen

Montségur oder die letzte Zuflucht der Katharer

Am Ende hat der Name doch zu viel versprochen: Sicher waren der Berg, die Feste darauf und ihre Bewohner eben nicht. Am 16. März 1244 endeten alle 225 noch lebenden Bewohner auf einem Scheiterhaufen am Fuß des Berges. Dabei galt die Burg als uneinnehmbar. Montségur wurde deshalb ab 1209 letzte Zuflucht der Katharer, Bischof Guilhabert de Castres hatte hier seinen Sitz auch noch nach der verheerenden Niederlage gegen den päpstlichen Legaten Simon de Montfort im Jahr 1229. Auf dem Berg lebten damals mehrere hundert Menschen, ihre Häuser aus Fachwerk und Stein drängten sich innen wie außen auf Terrassen über dem steilen Abhang um die Feste. Im Mai 1242 töteten dann zwei Katharer in Avignonet-Lauragais die Inquisitoren von Toulouse, Anlass zur Belagerung von Montségur. Die begann im Mai 1243 und dauerte elf Monate. Die Belagerer kämpften sich eine Felsterrasse nach der anderen die Ostflanke des Berges hoch. Bei den eigentlichen Kampfhandlungen starben nur wenig Menschen, Hunger und Entbehrung waren schlimmer. Schließlich mussten sich auch die Letzten ergeben. Ihnen wurde freies Geleit versprochen, sollten sie der Ketzerei abschwören. Niemand tat das. Nicht die 63 sogenannten »Perfekten« (Prediger*innen), nicht die sonstigen Gläubigen, die »Guten«. Im Gegenteil, 21 Menschen traten im Anblick des Scheiterhaufens zu den Katharern über. 225 Menschen fanden auf dem »Prat des Cremats«, dem Feld der Verbrannten, ihr Ende. Was heute über Montségur bekannt ist, stammt im Wesentlichen aus Quellen der Inquisition, genauer aus deren Protokollen der peinlichen Befragung von Katharern, die zuvor vom Berg hatten fliehen können. Sie wurden übrigens alle vom Vorwurf der Häresie freigesprochen.

Der Aufstieg zur Festung ist steil und dauert – je nach körperlicher Verfassung – 20 bis 40 Minuten. Der Ausblick ist so unfassbar wie die Geschichte des Montségur.

Adresse 09300 Montségur, www.montsegur.fr | Anfahrt D 9, unbewachte Parkplätze vorhanden | Öffnungszeiten Juli, Aug. täglich 9–18 Uhr, April–Juni und Sept. 10–18 Uhr, März und Okt. 10–17 Uhr, Nov., Dez. und Feb. 11–16 Uhr, Führungen im Sommer bis zur viermal täglich und nach Vereinbarung (Tel. +33 (0)5/61010694) | Tipp In der Mairie des heutigen Montségur, im Tal unterhalb des Bergs (D 9 Richtung Bélesta), gibt es ein zwar kleines, aber spannendes Museum zur Geschichte des Dorfes. Auch die kostenlosen Führungen, von kenntnisreichen Guides geleitet, werden hier angeboten.

85 Die Scheune

Die Buchhandlung von Le Somail-Ginestas

Le Somail ist ein kleiner Hafen am Canal du Midi. Eine schmale, bucklige Steinbrücke, ein Hotel mit Terrasse fast auf dem Wasser, dazu ein paar hübsche Gebäude. Alles aus dem 17. Jahrhundert, errichtet zu Lebzeiten von Pierre-Paul Riquet eigens für den Kanal. Das Dörfchen war Poststation und vor Fertigstellung des Canal de Jonction fast 100 Jahre Kanalhafen von Narbonne. Sehr pittoresk.

Wohl niemand würde in dem winzigen Ort damit rechnen, was sich in der Scheune eines ehemaligen Weinlagers verbirgt. Die Buchhandlung namens »Le Trouve Tout du Livre« bietet 50.000 Bände, von Literatur bis Geschichte, von Musik bis Religion, von Medizin bis zu Comics. Der Name ist Programm, man findet hier wirklich alles. Es handelt sich nicht um einen *vide-grenier*, einen Bücherflohmarkt, sondern um eine »ernsthafte« Buchhandlung, die Kunden auf der Suche nach einem bestimmten Band dazu auffordert, sich vertrauensvoll an die Besitzerin Nelly Gourgues und ihre Kolleginnen zu wenden. Schließlich gibt es noch ein Back-up-Lager mit weiteren 80.000 Bänden.

Gegründet wurde das »Le Trouve Tout« von Raymond Gourgues im Sommer 1960 in Paris, und zwar zunächst als Recherchedienst für Bücher. 1980 zog das Unternehmen an den Canal du Midi und eröffnete im Jahr darauf die Buchhandlung, die heute meist schlicht »Le Somail« genannt wird, damals mit knapp 10.000 Titeln. Das Angebot wurde von Jahr zu Jahr größer. Dazu kamen Lesungen und andere Kulturveranstaltungen. Nach dem Tod des Gründers 1997 übernahm Tochter Nelly die Buchhandlung, die unterdessen ihren 40. Geburtstag begehen durfte. Und es steht sehr zu hoffen, dass noch einige dazukommen mögen, denn das Angebot der Buchhandlung des 500-Seelen-Dorfes muss sich wahrlich nicht verstecken. Das gilt auch für die Fachkenntnis und die Freundlichkeit der Buchhändlerinnen. Eine Fundgrube und eine Augenweide dazu.

Adresse Le Trouve Tout du Livre: 8, Allée de la Glacière, 11120 Saint-Nazaire d'Aude, Tel. +33 (0)4/68462164, www.le-trouve-tout-du-livre.fr | **Anfahrt** D 607 | **Öffnungszeiten** April – 14. Nov. täglich 9 – 12 und 14.30 – 17.30 Uhr, Dez. – März nur nachmittags | **Tipp** Zur Linken in Richtung Steinbrücke steht ein runder, gedrungener Steinturm, kein Mühlen-Stumpf, sondern eine *Glacière*, ein Eisschrank. In dem großenteils unterirdischen Turm wurde früher den Sommer über Eis aufbewahrt.

86 Der Schuster

Altes Holzhandwerk in Lautrec

Die Vereinigung zur Rettung alten Handwerks von Lautrec betreibt in der Rue du Saint-Esprit der kleinen Stadt eine Art lebendiges Heimatmuseum. Genauer gesagt ist es die Werkstatt eines *esclopiers* oder *sabotiers.* Alain Bonnafous ist der letzte Holzschuhschnitzer von Lautrec und der gesamten Region, der hier auch heute noch Clogs herstellt, sei es komplett per Hand oder auch teilmaschinell. Die Werkstatt, die er interessierten Besuchern gerne und umsonst zeigt, war so, wie sie hier steht, bis Anfang der 1970er Jahre in Betrieb und gehörte einem gewissen Paul Bonhoure.

Wer will, lässt sich sein Paar Pantinen eigens fertigen, man kann sich aber auch *nur* zeigen lassen, wie das früher einmal gemacht wurde. Und das ist spannend. Das *Francitan,* also den Dialekt von Monsieur Bonnafous, verstehen zwar auch Nordfranzosen nicht eben gut, aber genaues Hingucken reicht aus. Der Holzschuhschnitzer führt exakt vor, wie die Kloben aus Erlenholz zugeschnitten, geformt und ausgehöhlt werden, um schließlich zu tragbarem Schuhwerk zu werden. Man kann dabei aus nächster Nähe erfahren, wie viel Geschick, Kraft und Zeit die Handarbeit mit Beil, Beitel und groben Messern erfordert. Und man kann erleben, welchen Zeitgewinn die uralten, aber voll funktionstüchtigen Maschinen ermöglicht haben, die mit Hilfe einer Matrix aus den *buches*, den Holzscheiten, nicht nur die äußere Form drehen, sondern anhand dieses Modells auch gleichzeitig eine rechte und eine linke Pantine herausschneiden.

Neben der Werkstatt gibt es einen Verkaufsraum, und eine kleine Ausstellung präsentiert eine Auswahl historischer Holzschuhe aus verschiedenen Ländern. Einmal abgesehen von einigen besonders verzierten Exemplaren, unterscheiden die sich nicht sonderlich, egal, ob sie nun aus dem Midi in Südfrankreich oder dem nördlichen Emsland stammen. Funktion schlägt Mode. Auch das ist spannend zu sehen.

Adresse L'Atelier du Sabotier: Rue du Saint-Esprit, 81440 Lautrec, Tel. +33 (0)7/86919877, www.lautrectourisme.com | **Anfahrt** D 83 | **Öffnungszeiten** April–15. Juni Fr und So 14–18.30 Uhr und So 10–12 Uhr, sonst: Mo und Mi–So 14–18.30 Uhr, Fr 10–12 Uhr | **Tipp** In der Rue Lengouzy betreiben Kunsthandwerker gemeinsam das »Crea-Lautrec« mit Leder- und Töpferwaren sowie Holzspielzeug. Von Hand mit echtem Pastel gefärbte Stoffe und Kleider kauft man im »La Petite Maison du Pastel« an der Place Centrale.

87 Das Siebeneck

Von Schönheit und Zahlenmystik

Im Zentrum der alten Katharerstadt Rieux-Minervois steht, ein wenig versteckt, ein einzigartiges architektonisches Kleinod: die siebeneckige Kirche Notre-Dame de l'Assomption. Es gibt runde Kirchen – die Templer haben nach dem Vorbild der Jerusalemer Grabeskirche gerne so gebaut. Und es gibt Acht- und Sechzehnecke, weil die von Weitem ebenfalls rund wirken. Aber eine heptagonale Kirche, die gibt es kein zweites Mal. Zudem ist die Kirche im 11./12. Jahrhundert errichtet worden, bevor die Templer auf ihrem Kreuzzug Okzitanien in Besitz nahmen.

Die Kirche ist nicht geostet. Sie ist richtungslos. Manche Wissenschaftler vermuten, sie sei eine Anspielung auf die Unendlichkeit. Sicher ist, dass die Form kein Zufall oder Fehler ist, dafür ist der Bau eines Siebenecks nicht zuletzt statisch viel zu kompliziert. Es gibt die These, die Sieben stehe für die »Sieben Säulen der Weisheit«, im frühen Mittelalter eine Umschreibung der Marienverehrung. Dafür spricht, dass sich im siebensäuligen Inneren eine wunderbare Darstellung der Himmelfahrt Marias findet, geschaffen vom Meister von Cabestany. Der große Unbekannte hat hier eine Maria in einem wolkengefüllten Oval, einer sogenannten Mandorla, dargestellt, die von Engeln getragen wird. Allein für die Werke dieses herausragenden Künstlers – es gibt noch Löwenköpfe, einen Samson und flötende Monster – lohnt der Besuch der Kirche.

Die Zahlenmystik bleibt ungeklärt. Einer These zufolge wird die Sieben in die Drei, Symbol der Trinität und der Unendlichkeit, und die Vier, das Quadrat als Zeichen für das Begrenzte und alles Materielle, geteilt. Das entspräche sowohl dem dualistischen Weltbild der Katharer als auch der Innengestaltung – vier schwere Pfeiler bilden ein Quadrat, drei Säulen ein Dreieck. Die Katharer waren allerdings ebenso strikt gegen das Patriarchat wie gegen die Marienverehrung. Es bleiben Fragen – und eine außergewöhnliche Kirche.

Adresse 5, Rue Saint-Blaise, 11160 Rieux-Minervois, Tel. +33 (0)4/68781398, www.eglise-heptagonal-sainte-marie-de-rieux.fr | Anfahrt D 11 | Öffnungszeiten Di–Sa 10–12.30 und 13.30–18 Uhr, So, Mo geschlossen | Tipp Hinter dem Schloss von Rieux gelangt man auf dem Chemin des Tuileries über eine alte Steinbrücke, die den Argent-Double überspannt, zu der Kapelle Notre-Dame du Bout du Pont. Der Volksmund sagt, sie biete Schutz vor allem Übel, insbesondere Pest und Schiffbruch.

88 Der Stausee

Der Lac Saint-Ferréol speist den Kanal

Bei Revel wird der Bach Laudot aufgestaut zum See von Saint-Ferréol. Der Stausee fasst sechs Millionen Kubikmeter Wasser und erstreckt sich über eine Fläche von 67 Hektar, die sich auf die drei Départements Haute-Garonne, Tarn und Aude verteilt. Ein schöner Badesee im Naherholungsgebiet, mit Gastronomie und Angeboten zum Segeln und Surfen, der vor allem im heißen Sommer Vergnügen und Abkühlung verspricht.

Doch das ist weder der wichtigste noch der spannendste Teil der Geschichte des Lac Saint-Ferréol. Denn der Stausee galt als veritables Weltwunder. Pierre-Paul Riquet hatte ihn als Wasserreservoir für seinen Kanal konzipiert und 1672 eigenhändig den Grundstein für den Bau gelegt, sozusagen die ersten Spatenstiche des gesamten Kanalprojekts. Über 1.000 Arbeiter bauten dann fünf Jahre lang den gut 800 Meter langen und 35 Meter hohen Staudamm. Eigentlich handelt es sich nicht um einen Damm, sondern um drei einzelne, mehrere Meter dicke Granitmauern. Der jeweils 60 Meter breite Raum dazwischen wurde mit festgestampfter Erde verfüllt. Dieser sogenannte Massendamm war seinerzeit der mit Abstand größte der Welt. Und das blieb er – wie auch der aufgestaute See – für die kommenden 200 Jahre. Der große Festungsbaumeister Sébastien le Prestre de Vauban (1633–1707) verbesserte das Bauwerk noch, indem er 1685 den Durchstich »Percée des Cammazes« und den berühmten Tunnel anlegen ließ, aber im Prinzip ist das Reservoir bis heute das Werk Riquets: für die Menschen damals ein Bau von kaum vorstellbarer Größe, ein Weltwunder eben.

Die meisten heutigen Besucher genießen den Badesee, die Strände und die Sonne. Unbedingt zu empfehlen ist aber auch das Museum hinter der Staumauer im ehemaligen Ingenieurhaus. Es erklärt ausführlich die gesamte Geschichte sowohl des Kanals als auch des Stausees. Die Führungen tief ins Innere des Damms sind beeindruckend.

Adresse Bassin de Saint-Ferréol, 31250 Revel Saint-Ferréol | Anfahrt D 79D | Öffnungszeiten der See ist jederzeit zugänglich, Museum Le Reservoir: April, Mai und Okt.–Dez. Di–So 14–17 Uhr, Juli, Aug. Di–So 10.30–18.30 Uhr, Juni und Sept. Di–So 14–18 Uhr | Tipp Auf jeden Fall sollte man den Park beim Museum aufsuchen. Auf dessen schönen Wiesen finden vor allem Einheimische Schatten und Erholung. Neben einem Wasserfall gibt es eine 30 Meter hohe Fontäne, die vom Druck des Staubeckens erzeugt wird.

89 Die Steinhütten

Natursteinarchitektur rund um Laure-Minervois

Trockensteinmauerwerk ist der Fachbegriff für eine althergebrachte Bauweise, bei der Natursteine ohne Mörtel oder sonstige Bindemittel gesetzt werden. Das ist nicht einfach und vor allem sehr zeitaufwendig, weshalb die Technik heutzutage fast nur noch in kleinem Maßstab im Gartenbau angewandt wird. Dabei kennt man die Bauart in ganz Europa. Tatsächlich wurde schon in der Steinzeit so gebaut. In ländlichen Gebieten nutzt man bis heute runde Hütten aus Trockensteinmauern als Unterstände für Hirten und Weidevieh. Es gibt sie in unterschiedlichen Größen, selten nur noch, aber eben in ganz Europa. In Irland heißen sie *clochán*, in Süditalien *trulli,* in der Provence *bories,* in Istrien *kazun,* in Spanien *barracas,* und im Midi kennt man sie als *cabanes, gariote* oder *capitelles.* Schäfer benutzen sie und im Midi, wo Kühe noch frei auf Bergwiesen laufen können, auch deren Hirten.

Auf den Wingerten und Feldern westlich des kleinen Winzerdorfs Laure-Minervois sind noch gut 150 dieser alten *capitelles* erhalten. Runde Hütten mit einem Durchmesser von zwei bis vier Metern, mit nichts weiter als einem niedrigen Eingang Richtung Süden, ansonsten geschlossen, wind- und wasserdicht. Wobei alt ein relativer Begriff ist, jedenfalls gemessen daran, dass die Bautechnik steinzeitlich ist. Die Hütten bei Laure sind 200 bis 300 Jahre alt, aber sie werden partiell noch genutzt, manche als Zwischenlager für Material und Werkzeug während der Weinlese oder als Unterstand für Feldwächter. Alle gelten jedoch als Wahrzeichen und Symbol. Den Ortseingang markiert an der Weggabelung D 35/D 135 eine *capitelle,* vor der eine Weinpresse aus Holz platziert wurde. Das Ensemble steht da auf der immer frisch gemähten Wiese ohne jede Erklärung und ist sich selbst genug. Von der Rue des Oliviers zweigt der Sentiers des Capitelles ab, ein Feldweg, der vorbei an vielen der Hütten durch die Weinfelder führt.

Adresse Office de Tourisme, 11160 Caunes-Minervois, Tel. +33 (0)4/68763474 und (0)4/68248185, www.laure-minervois.fr | **Anfahrt** D 135, dann D 35, am Ortseingang in die Rue des Oliviers biegen, nach 500 Metern beginnt rechts der Sentiers des Capitelles | **Tipp** Das 1.000 Einwohner zählende Laure bietet so manche Sehenswürdigkeit: als Reste der Stadtmauer zwei große Türme, Portail Neuf und Portail Bousquet, ein schönes Waage-Häuschen auf der Place Ravelin vor der Kirche, das Megalithgrab von Saint-Eugène und die Ruine eines römischen Grabturms namens Tour du Mézolieux.

90 Das Stiegenhaus

Der steinerne Repräsentationsbau der Familie Montagut

Von Marcel Pagnol (1895–1974) stammt der Satz: »Wenn Jean-Baptist Poquelin in Paris geboren wurde, dann Molière in Pézenas.« Und es stimmt, am Hof von Armand de Bourbon, Fürst von Conti (1629–1666), wurde aus einem unbekannten Schauspieler der große Molière. Baron Conti machte seine Stadt Pézenas endgültig zum Versailles des Languedoc, und Molière und sein »L'Illustre Théâtre« hatten daran nicht unerheblichen Anteil. Es gab für sein Theater aber auch ein interessiertes Publikum, nicht allein den Fürsten von Conti. Davon künden die Patrizierhäuser von Pézenas mit ihren üppig verzierten Fassaden und Eingängen, ihren prächtigen Innenhöfen. Sie stammen zumeist aus der Hochgotik und der Renaissance. Es macht Spaß, sich durch die Gassen der Altstadt treiben zu lassen. Während das in der Saison tagsüber auch schon mal ein ziemliches Geschiebe wird, kehrt spätestens abends Ruhe ein, weil das Gros der Touristen ans nahe Mittelmeer zurückkehrt.

Eine Sonderstellung unter den grandiosen Gebäuden von Pézenas nimmt das »Hôtel Lacoste« ein. Wohl zwischen 1509 und 1518 von Etienne de Montagut erbaut, blieb die noble Villa bis 1656 im Besitz der Familie, der Barone von Lacoste. Nach der Hochzeit von François IV. de Montagut mit seiner Cousine Gabrielle de La Serre wurde das Haus den de La Serres überschrieben, denen es bis 1871 gehörte. Die Chroniken erwähnen, dass am 4. Juli 1533 die »Töchter Frankreichs«, die Prinzessinnen Madeleine und Louise, im »Hôtel Lacoste« untergebracht waren und am 6. April 1660 Ludwig XIV., der Sonnenkönig höchstselbst. Das steinerne Stiegenhaus im Innenhof des Stadtpalastes dürfte selbst bei ihm Eindruck hinterlassen haben. Genau dafür war es schließlich auch gedacht. Die noblen Familien von Pézenas errichteten diese halb öffentlichen Bereiche ihrer Villen bewusst als Statussymbole. So bezeugte man sichtbar für jedermann Macht, Reichtum und Einfluss.

Adresse Hôtel Lacoste: 10, Rue François Oustrin, 34120 Pézenas, Tel. +33 (0)4/67983640, www.pezenas-tourisme.fr | **ÖPNV** Bus B, 2, 3, 4, 5 (von Agde), Station Pézenas Gare Routière | **Anfahrt** D 913 | **Öffnungszeiten** tagsüber zugänglich | **Tipp** Ebenfalls sehenswert: Das »Hôtel Malibran«, das »Hôtel de Carion-Nizas«, das »Hôtel Flottes de Sébasan«, die Portale des »Hôtel d'Àgde de Fondousse« oder des »Hôtel de Graves«, um nur einige zu nennen.

91 Der Taubenturm

Statussymbol mit Mehrfachnutzen

Taubentürme haben in Frankreich eine lange Tradition. Es gab klare Vorgaben, wer einen *pigeonnier* besitzen durfte. Sie waren Adel und Klerus vorbehalten und konnten nur mit königlicher Erlaubnis gebaut werden, denn das Halten von Tauben war an Grundbesitz gebunden. Als Faustregel galt: ein Hektar Boden pro Paar. Die größten Türme beherbergten gleichwohl bis zu 3.000 Nester. Noch viel deutlicher konnte man Reichtum und Macht kaum zur Schau stellen als durch einen weithin sichtbaren, großen Taubenturm. Nach der Revolution schaffte das Parlament am 4. August 1789 dieses Privileg mit der Aufhebung der Feudalrechte ab. Neben der Funktion als Statussymbol hatten Taubentürme aber durchaus auch praktischen Nutzen. Jungtauben sind eine Delikatesse, die heute noch gerne gegessen wird. Zweitens galt das *colombine*, der Taubenmist, als hervorragender Dünger, speziell für Weinreben.

Der wohl schönste Turm steht in bestens erhaltenem Zustand und von Weitem sichtbar auf einer Anhöhe bei Cintegabelle und gehört zum Gutshof »Bouissou«. Ein 15 Meter hoher Rundbau aus roten Ziegelsteinen, der mit seiner von fünf kleinen Türmchen gekrönten Kuppel an ein mittelalterliches Schloss erinnert. Der Turm von Bouissou wird nicht mehr genutzt, bleibt aber eine Augenweide, wie er da so als Solitär zwischen Gutshof und Feldern steht.

Im Lauragais gibt es noch eine stattliche Anzahl *pigeonniers* oder *colombiers,* in unterschiedlichen Formen – aus Stein oder Fachwerk, manche sind rund, andere vier- oder achteckig, manche auf Pfeilern stehend, ganz selten auch auf Eingangstoren –, aber kaum einer dient der ursprünglichen Funktion. Einige sind so groß, dass sie als Ferienhäuschen genutzt werden. Wo sie erhalten sind, ist das Privatinitiativen zu verdanken. Weil sie aber immer auch Statussymbole sein sollten, kann man fast alle gut von der Straße oder vom Kanal aus sehen.

Adresse 297, Bouissou (D 35F), 31550 Cintegabelle | Anfahrt D 25 (Avenue du Lauragais), dann auf die D 35F | Öffnungszeiten immer, Achtung: Privatbesitz | Tipp Andere schöne Taubentürme stehen in Mireval, Auvezines, Juzes, Fanjeaux-La Hille, Belflou und in Bram, zwei weitere bei St. Michel de Lanès. Bemerkenswert ist auch der Turm der Comtesse de Pailhès in Ramonville.

92 Die Töpfer

Altes Handwerk auf dem Mas-Saintes-Puelles

Zwischen der Écluse de la Méditerranée und der Écluse du Roc liegt, wunderschön direkt am Kanal, ein – man muss das wohl so sagen – magischer Ort: die Töpferei »Frères Not«.

Die Cousins Jean-Pierre und Philippe Not führen ein einzigartiges Unternehmen: eine Töpferei mit handwerklichen Standards, die wie aus der Zeit gefallen scheinen. Aus selbst angemischtem Ton werden hier per Hand und auf Drehscheiben in der sechsten Generation Tongefäße aller Art, vornehmlich aber die traditionellen Formen hergestellt und danach im 160 Jahre alten Holzofen gebrannt. Altes Handwerk also, auf das die Familie Not und ihre Mitarbeiterinnen zu Recht stolz sind und das sie deshalb auch gerne Besuchern zeigen – solange die nicht die Arbeit stören.

1857 errichtete Charles Perrutel die erste Töpferei an ebendieser Stelle, die bei den Einheimischen »Du Médecin« hieß. Perrutels Söhne übernahmen und vergrößerten das Geschäft um eine zweite Töpferei gleich nebenan. Eine davon ist bis heute in Betrieb, die zweite wurde später zum Wohnhaus umgebaut. 1936 kam Emile Not als Angestellter in die Töpferei, die er elf Jahre später dann zusammen mit seinem Kompagnon François Gleizes übernahm. Auf die beiden folgten Emiles Söhne Aimé und Robert und deren Söhne Jean-Pierre und Philippe. Nach bester Handwerkstradition formen und brennen sie Töpfe, Schalen und Becher in allen Größen und Farben, dazu Vasen und die typischen hochgezogenen Schüsseln für das *cassoulet*, die Spezialität der Region. Bei Nots werden auch sogenannte *diables* produziert, eine Art »Römertopf« in unterschiedlichen Größen für Hühner oder Enten. Zu sehr räsonablen Preisen findet man Tonkrüge in den klassischen Formen, sei es als *cruchon catalan*, *cruchon lauragais* oder *cruches du Lot* für Wein und Wasser oder aber als Schmalztopf *pot à graisse*. Das Beste ist: Man darf zuschauen.

Adresse 1851, Route de Labastide d'Anjou, 11400 Mas-Saintes-Puelles, Tel. +33 (0)4/68231701 | Anfahrt D 433, Abzweigung Route de la Poterie (ausgeschildert) | Öffnungszeiten täglich außer So 8–12 und 14–17 Uhr | Tipp Castelnaudary ist die Heimat des *cassoulet,* ein extrem deftiger Eintopf mit weißen Bohnen, Wurst und Entenkeulen. Jede Familie hat ihr eigenes Spezialrezept. Im August feiert die Stadt die »Fête du Cassoulet«. Für Nichteinheimische ist *cassoulet* in der Regel eher ein Winteressen.

93 Der Treidelpfad

Die Voies vertes: Radwege parallel zum Kanal

Die gesamte Strecke entlang des Kanals vom Port de l'Embouchure in Toulouse bis zum Leuchtturm am Pointe des Onglous bei Marseillan ist mit dem Fahrrad befahrbar – oft auf beiden Seiten. Die 240 Kilometer erfreuen sich zunehmender Beliebtheit, zumal weitere schöne Strecken angebunden sind, seien es die Wege rund um den Étang nach Sète oder die 40 Kilometer neben dem Canal de Jonction und dem Canal de la Robine nach Narbonne. Auch zum Lac Saint-Ferréol, zum Kloster Saint-Papoul oder nach Minerve führen ausgeschilderte Seitenstrecken. Alle *pistes cyclables* sind reine Radwege und für motorisierten Verkehr gesperrt.

Allerdings sind sie, da unter kommunaler Hoheit, von unterschiedlicher Güte. Das reicht von eigens angelegten geteerten Radwegen über breite geschotterte und planierte Abschnitte des ehemaligen Treidelpfads, ebenfalls bestens befahrbar, bis zu schmalen Passagen, vom Wurzelwerk der Kanalbäume holprig gemacht. Mit einem Treckingrad durchschnittlicher Qualität sind aber alle problemlos zu meistern – bei jedem Fitnessgrad und in jedem Alter.

Die Wege sind – sofern neben dem Kanal nötig – meist ausgeschildert. Faustregel: Wo die Beschilderung gut ist, da ist es auch der Weg. Entlang der Strecke gibt es Campingplätze und auf Radtouristen eingestellte Hotels und Pensionen. Und über die Verpflegung muss man im Schlaraffenland Midi sowieso keine Worte verlieren. Es gibt gutes Kartenmaterial in vielen Sprachen oder GPS-Tracker von Bikeline. Empfohlen sei der Guide von Philippe Calas, einem Franzosen aus Béziers, mit zahlreichen Tipps für Essen und Trinken, und natürlich helfen sämtliche Offices de Tourisme mit weiteren Hinweisen. Sogar geführte Touren samt Museums- und Restaurantbesuch werden angeboten. Man kann aber auch ganz schlicht direkt am Bahnhof Toulouse-Matabiau auf sein Rad steigen, um am Wasser entlangzurollen. Schöner kann ein Trip kaum beginnen.

Adresse Port de l'Embouchure: Les Ponts-Jumeaux, 31200 Toulouse, Pointe des Onglous: 34200 Marseillan, außerdem überall entlang der Strecke | Tipp Ab Matabiau sollte man sich den Umweg nach Nordwesten zum Port d'Embouchure gönnen und dort links am Canal de Brienne entlang bis zur Garonne zu einem der schönsten Aussichtspunkte der Stadt radeln. In unmittelbarer Nähe: das Auditorium Saint-Pierre-des-Cuisines und die Basilika Notre-Dame de la Daurade.

94 Die Treppe

Die Schleuse von Fonserannes hat viele Stufen

Wie viele Stufen die Schleusentreppe Fonserannes tatsächlich besitzt, ist umstrittener, als die Adresse »Weg der 9 Schleusen« vermuten lässt. Es liegt daran, dass Betrachter nie ganz sicher sind, was genau zur Schleusentreppe zählt.

Klar ist: 1678–1680 wurde eine Gesamtanlage gebaut, die damals auf der Länge von 312 Metern eine Höhendifferenz von 21,5 Metern bewältigte. Die Anlage, erst kurz nach dem Tod ihres Schöpfers Pierre-Paul Riquet fertiggestellt, gilt als eine Einheit, bestehend aus acht Becken und neun Toren.

Zur Verwirrung trägt bei, das seit 1858 die Schleusenkammer 8 nicht mehr in Betrieb ist. 1680 verlief der Kanal hier noch in gerader Linie ins schon sichtbare Béziers. Er führte damals von hier in den Orb, um erst 800 Meter flussabwärts als künstliche Wasserstraße fortgesetzt zu werden. Weil der Orb aber sehr unterschiedlich Wasser führt, hat man Mitte des 19. Jahrhunderts die Trogbrücke von Béziers konstruiert und den Kanallauf umgelenkt. Dafür wurde die Schleusenkammer 7 ein ganzes Stück höher gelegt, vergrößert und mit einem Abzweig nach rechts versehen, in Richtung der neuen Brücke. Becken 7 ist also als solches kaum noch erkennbar. Als Teil des Brückenkanals ist es konstant voll Wasser. Becken 8 fällt im Sommer häufig trocken, weil es nicht mehr genutzt wird. Seit 1858 wird in sechs Schleusenkammern ein Hub von 13,6 Metern überwunden. Aber auch die alte Fahrrinne ist technisch in Ordnung und wäre, inklusive Becken 8, weiterhin zu benutzen. Ganz abgesehen von allen Zahlenspielen ist die Schleusentreppe ein technisches Meisterwerk. Mindestens ebenso bemerkenswert ist ihre Schönheit. Es ist einfach ein tolles Bild, wenn mehrere Boote die Treppe hinunterfahren, erst recht, wenn eine große, alte *péniche* ein Becken nahezu komplett ausfüllt. Abwärts schleust man die gesamte Strecke mit nur einer Fuhre Wasser, aufwärts braucht es eine pro Becken.

Adresse Chemin des 9 Écluses, 34500 Béziers, Tel. +33 (0)4/99413636, www.beziers-in-mediterranee.com/les-9-ecluses-de-fonseranes | **ÖPNV** Bus R 2, Station 9 Écluses | **Anfahrt** D 609 (Route de Narbonne) | **Öffnungszeiten** jederzeit zugänglich | **Tipp** Im benachbarten »Museum-Cinema immersif« kann man sich einen Film über die Geschichte des Kanals anschauen (Mo–Fr 9–12 und 14–17 Uhr). Das moderne Hebewerk nebenan, eine Wasserkeilrutsche, hatte nur sehr wenig Erfolg. Wegen permanenter technischer Probleme wurde der Betrieb nach nur 15 Jahren bereits 1999 wieder eingestellt.

95 Der Trüffelgarten

Tuber und Öl vom Mas d'Antonin

Bäume habe sie immer schon geliebt, sagt Elena Anton-Marty, schon als kleines Mädchen. Irgendwann war sie den Job in der Stadt leid und zog zurück aufs Land ins Minervois, dahin, wo schon ihre Vorfahren Wein und Oliven angebaut hatten. Vier Kilometer nördlich vom Kanalabzweig begann sie mit ein paar Dutzend Olivenbäumen. Daraus wurde eine Plantage mit über 1.000 Bäumen, alle eigenhändig gepflanzt und großgezogen. Elena Anton produziert hier mit ihrem Mann unterschiedliche, qualitativ hochwertige Olivenöle, alle innerhalb von 24 Stunden nach der Ernte sortenrein kalt gepresst, ob nun »Luques«, »Aglandau« oder »Picholine«.

Das war ihr nicht Herausforderung genug. Sie wollte mehr, genauer Schwarze Trüffel, und ging das Wagnis ein, *Tuber melanosporum* zu züchten. Die haben die Einheimischen im Winter immer gesucht und manchmal auch gefunden. Aber Trüffel anbauen, das ist so eine Sache. Denn ganz genau weiß niemand, wo und warum dieser besondere Pilz wächst. Trüffel leben in Symbiose mit einem Wirtsbaum, meist Eiche oder Haselnuss, der mit den Pilzsporen infiziert ist. So viel ist klar. Man kann Bäume auch »impfen«, aber das ist leider keine Garantie dafür, dass nach einigen Jahren tatsächlich Trüffel wachsen. Dafür braucht es über die gesamte Wachstumsperiode ein kompliziertes Zusammenspiel von Wetter- und Bodenbedingungen, genügend Abstand zwischen den Bäumen, dazu diverse andere Faktoren und dann: reichlich Glück.

Das Glück scheint Elena Anton hold gewesen zu sein. Sie findet unter den Eichen auf einem Feld ihres Urgroßvaters mit tatkräftiger Hilfe ihrer Hunde inzwischen bis zu 20 Kilo Schwarze Trüffel im Jahr, die man wie die Öle im Hofladen kaufen kann. Es gibt auch Kurse rund um Öl und Trüffel. Die isst man frisch im Dezember und Januar oder als Sommertrüffel im Juni. Elena Antons Urgroßvater war übrigens 1906 der Trompeter der revoltierenden Weinbauern.

Adresse Mas d'Antonin: 22, Rue Alfred Delpy, lieu-dit Les Pailhes, 11120 Argeliers, Tel. +33 (0)6/14281142, www.le-mas-d-antonin.com (auch Vermietung von Ferienappartements) | Anfahrt D 5, dann D 326 | Öffnungszeiten täglich 17–19 Uhr, Juli, Aug. 10–19 Uhr und nach telefonischer Absprache | Tipp Fast direkt an der D 5 liegt die »Cooperative L'Oulibo«. Hier gibt es alles rund um Oliven: Öle, eingelegte Früchte und Tapenaden, Seifen und Kosmetika, Küchenutensilien aus Olivenholz und dazu multimediale Führungen zu allen Aspekten des Themas.

96 Der Tunnel

Eine Premiere von 170 Meter Länge

Fast hätte der »Malpas«, der schlechte Weg, seinem Namen alle Ehre gemacht, denn der Hügel bei Ensérune war das letzte große Hindernis für Pierre-Paul Riquet beim Bau des Kanals. Ein Hindernis so groß, dass es um ein Haar das ganze Projekt noch zum Scheitern verurteilt hätte.

Riquet hatte entgegen vielfachem Rat entschieden, den Hügel tunneln zu wollen, um so einen Umweg und zweitens die schwierige Querung der Aude zu vermeiden. In Ensérune zeigte sich aber, dass die Anhöhe unterhalb einer dünnen Schicht harten Gesteins im Wesentlichen aus porösem Sandstein bestand. Das Kanalprojekt stand auf der Kippe. Finanzminister Colbert verfügte, die Arbeiten so lange zu stoppen, bis er persönlich eine Entscheidung treffen könne. Trotzdem erteilte Riquet seinem Chefmaurer Weisung, die Bohrung im Geheimen fortzusetzen. Abgesehen davon, dass es sich bei dem Projekt um ein Novum, nämlich den ersten Kanaltunnel der Welt, handelte, war das Unterfangen noch in mehrerlei Hinsicht gefährlich: Eine Bohrung nur bei Fackelschein, in unsicherem Stein und das alles gegen strikte Order im Namen des Königs! Doch nach acht Tagen war der Testtunnel gebohrt – und er hielt.

Riquet führte den königlichen Inspektor Henri d'Aguessau durch den vorläufigen Stollen und überzeugte ihn, die Bauarbeiten fortsetzen zu dürfen. Die dauerten ungefähr ein halbes Jahr. Dann war der erste Kanaltunnel der Welt vollendet: exakt 173 Meter lang, sechs Meter breit und 8,5 Meter hoch. Er ist zwar »Einbahnstraße«, aber alle auf dem Kanal zugelassenen Boote passen problemlos hindurch. Auch ein schmaler Fußweg führt durch den Tunnel. Wer ihn entlanggeht, sieht die 30 gemauerten Bögen, die dem Bau seine Stabilität verleihen. Riquet starb nur wenige Monate nach dieser letzten Meisterleistung. Unter dem schiffbaren Tunnel verlaufen zwei weitere, später gebaute: die Eisenbahn und ganz unten der Entwässerungskanal von Montady.

Adresse Tunnel de Malpas: D 162E 3/Chemin du Malpas, 34440 Nissan-lez-Enserune | Anfahrt D 162E 3 | Öffnungszeiten jederzeit zugänglich | Tipp Auf dem Hügel liegt die Ausgrabungsstätte »Oppidum d'Ensérune«, eine gallisch-römische Siedlung der Eisenzeit mit angeschlossenem Museum. Die ältesten Funde stammen aus dem 6. vorchristlichen Jahrhundert.

97 Der Überlauf

Der Épanchoir von La Redorte ist nützlich und schön

Die Kanalbrücke bei La Redorte ist mit ihren elf gemauerten halbrunden Bögen eine echte Schönheit, ob nun vom Boot oder vom Ufer aus betrachtet. Maurer aus der Umgebung haben die Brücke im Jahr 1693 nach Plänen von Sébastien Vauban gebaut. Vom Schiff aus übersieht man leicht, dass nicht nur Fußgänger, sondern auch die Boote eine Brücke passieren. Hier, wo der Kanal eine sanfte S-Kurve formt, schaut man bis zur nächsten Biegung nur über alten Baumbestand, unterbrochen allein durch das kaum zwei Meter über dem Wasserspiegel liegende Brückengeländer.

Der Nutzwert des Bauwerks wird erkennbar, sobald man über die Böschung dahinter klettert. Auf der deutlich weniger schönen Rückseite sieht man als Erstes, dass es sich um eine gar nicht so kleine Brücke über einen Bach und etwas Brackwasser handelt. Auf diesen ersten Blick scheint vor allem die Höhe der Brücke ziemlich überdimensioniert. Zweitens zeigt der Grünbewuchs an der Unterkante der Bögen deutlich an, dass hier Wasser überschwappen kann und soll. Sobald der Kanal zu viel Wasser führt, funktioniert die Brücke als Überlauf: Wie bei einem Ausguss ergießt sich dann das Wasser in den Bach namens Argent-Double, der wenige Kilometer weiter in die Aude mündet. Wer die hiesigen Wolkenbrüche kennt, der weiß, zu welch reißenden Fluten selbst Rinnsale in wenigen Stunden werden können. Deshalb ist die Brücke so massiv und hoch. Sie muss enormem Wasserdruck standhalten und obendrein die Vermischung der Gewässer verhindern. Denn bei Hochwasser führt der Argent-Double Unmengen an Sand und Geröll mit sich. Der Kanal würde sofort verstopfen. Beide Probleme hat Vauban mit seinem wunderschönen und sehr praktischen *Épanchoir* gelöst. Es ist Brücke, Stauwehr und eben auch Überlauf in einem.

Und noch etwas: Der schmale Steinweg über die Brücke ist zu schmal für Pferde. Hier wurde nicht von Ackergäulen getreidelt, sondern von Menschen.

Adresse Épanchoir de L'Argent-Double: 11700 La Redorte, www.canaldumidi.com | **Anfahrt** D 610, dann D 11, nach 300 Metern der Beschilderung folgen | **Tipp** Die Doppelschleuse von Aiguille bei Puichéric, sieben Kilometer westlich vom Überlauf, ist eine regionale Berühmtheit. Wärter Joel Barthes fertigt recht eigenwillige Kunstwerke aus Schrott aller Art, die er rund um seine Schleuse ausstellt und an Interessierte auch verkauft.

98 Die (Sully-)Ulme

Die letzte ihrer Art

Der Herzog von Sully, Maximilian von Béthune (1559–1641), ist eine schillernde Figur der französischen Geschichte. Nur knapp überlebte er als Kind die Bartholomäusnacht am 23. August 1572, wurde dann aber Mitschüler und Freund von Heinrich von Navarra, dem späteren König Henri IV., dem er als Marschall und dann auch als Finanzminister diente. Der überaus strenge Calvinist Sully riet seinem König, zum Katholizismus zurückzukehren, sanierte ihm den heillos überschuldeten französischen Staatshaushalt und wurde damit persönlich sehr reich.

Der Name »Sully« bezeichnet aber auch Bäume. Und das kam so: Nach den Religionskriegen gab Sully im Auftrag seines Königs Order, auf jedem Dorfplatz, möglichst vor der Mairie oder Kirche, einen Gerichtsbaum zu pflanzen, um sich in dessen Schatten zu treffen, zu reden, zu streiten, zu trinken und die wiedergefundene Einheit des Reiches zu bekunden. Im Norden galten, wie in Deutschland, Linden als Gerichtsbäume, in Okzitanien sind es Ulmen. Ein Sully ist also ein über 400 Jahre alter Baum. In Villesèquelande, einem kleinen Dorf mit 896 Einwohnern zwischen Bram und Carcassone, steht die gewaltige Ulme mit 15 Metern Höhe und einem Stammumfang von sechs Metern idealtypisch genau zwischen Kirche und Mairie.

Der Baum ist einzigartig. Um genau zu sein: Die Sully-Ulme von Villesèquelande ist die letzte ihrer Art. Denn nur wenige Bäume werden über 400 Jahre alt, schon weil sie in einem Ort irgendwann zu groß sind und irgendwem im Wege stehen. Stürme und Blitze tun ein Übriges, ebenso der Bedarf an Feuer- und Bauholz nach den Weltkriegen. Schließlich ging das Gros aller Ulmen in Frankreich im letzten Jahrhundert an der »Holländischen Krankheit« ein. Nur die in Villesèquelande steht weiter am angestammten Platz. Und damit das noch möglichst lange so bleibt und sie nicht das Schicksal der anderen Gerichtsulmen erleidet, wird sie permanent medizinisch behandelt.

Adresse Rue du Fort (D 138), 11170 Villesèquelande, Mairie: Tel. +33 (0)4/68760105, www.villesequelande.com | **Anfahrt** D 33/D 35 | **Tipp** Von Februar bis Dezember hat in Villesèquelande das Musée de la Chevalerie (Museum des Rittertums) geöffnet. Für Kinder ist der Besuch im alten Steinhaus in der Rue Marcellin Horus ein Erlebnis. Von der Sully-Ulme in Poilhes (bei Capestang) ist nur noch ein toter Stumpf geblieben.

99 Die Verzweigung

Canal de la Robine und Canal de Jonction

Schon Marcus Agrippa (63–12 vor Christus) ließ als Statthalter in Gallien einen Kanal von seiner Hauptstadt Narbonne ins Mittelmeer ausheben. Der 30 Meter breite Wasserlauf nutzte ein altes Flussbett der Aude und trug als zentraler Handelsweg wesentlich zum Reichtum der Stadt bei. Der berühmte Pont des Marchands in Narbonne querte die römische Wasserstraße. Der Kanal verlandete, als die Aude im 14. Jahrhundert abermals ihren Lauf stark veränderte und auch den Kanal von der Wasserzufuhr abschnitt.

Der ökonomische Erfolg des Canal du Midi führte dazu, dass König Louis XIV. den Bürgern von Narbonne fünf Jahre nach dessen Fertigstellung im Jahr 1686 die Neubelebung ihres alten Kanals und die Verlängerung bis zur Aude erlaubte. Auf den 32 Kilometern vom Mittelmeer bis zur Einmündung in den Fluss beträgt der zu überwindende Höhenunterschied nur neun Meter. Riquets Nachfolger Vauban eröffnete den Canal de la Robine, im Wesentlichen geplant und gebaut von denselben Ingenieuren und Arbeitern wie der Hauptkanal.

Die beiden Kanäle wurden allerdings nicht verbunden, obwohl nurmehr fünf Kilometer zwischen ihnen lagen. Sämtliche Waren und Passagiere mussten rund 100 Jahre lang von Bord und auf dem Zwischenstück über Land transportiert werden. Erst 1767 überzeugte der Erzbischof von Narbonne die Familie Riquet als Betreiber des Kanals vom Nutzen eines Canal de Jonction, einer Verbindung also. Das lag sicher auch daran, dass auf diesen fünf Kilometern ein Höhenunterschied von 22 Metern geschleust werden muss. Sieben Hebewerke sind dafür nötig. Beim Hafen La Robine, kurz vor der Überbrückung der Cesse, findet sich der Abzweig, der manchem ortsunkundigen Skipper auch schon mal Kopfzerbrechen bereitet, wo es nun weitergeht. Direkt an der Kreuzung liegt malerisch die »Maison de l'Écurie«, ein kleines Freiluftlokal, auf dessen Karte auch die guten Weine der Region stehen.

Adresse La Maison de l'Écurie: 629 Z. I. de Truilhas, 11590 Sallèles-d'Aude, Tel. +33 (0)8/99344735, Écluse de Gailhousty: 595 La Paisière, 11590 Sallèles-d'Aude | Anfahrt D 1626 | Tipp Zwischen den beiden sehenswerten Schleusen Gailhousty, Canal de Jonction, und Mossoulens, Canal de la Robine, wird bis heute auf einer Länge von 600 Metern die Aude selbst befahren. Die Schleuse Moussoulens dient obendrein als Wehr dem Hochwasserschutz von Narbonne.

100 Das Wandbild

Trompe-l'œil in Capestang

Rund um Capestang scheint es manchmal wenig glaubhaft, dass der Kanal tatsächlich eine künstlich angelegte Wasserstraße und kein Fluss ist, so sehr mäandert er auf diesem Streckenabschnitt. Die meisten echten Flüsse in Mitteleuropa sind stärker begradigt und auf Linie getrimmt. Leider sind genau hier sehr viele alte Platanen abgestorben. Die jungen Bäume sind noch zu klein, um Schatten und Romantik zu liefern. Dafür sieht man schon von Weitem den 43 Meter hohen Glockenturm der mächtigen Stiftskirche Saint-Étienne.

Folgt man diesem Wegweiser in die Stadt, wird man schnell gewahr, dass Capestang als Circulade kreisförmig rund um eine zentrale Kirche angelegt wurde. Weiter auf der Rue Gambetta in Richtung Ortsausgang beginnt kurz vor der D 11 links die Rue Gigiry. Auf den ersten Blick eine kurze Sackgasse mit einem hübschen kleinen Platz an ihrem Ende. Erst wer darauf zugeht, erkennt die Täuschung. Denn was aussieht wie ein sonnenbeschienener Platz, ist tatsächlich ein Wandbild, gemalt auf eine hässliche und fensterlose Hausmauer mit einem ehemals tristen Parkplatz davor: illusionistische Malerei und Trompe-l'œil. Aber anders als in der Kirchenmalerei der Renaissance handelt es sich nicht um einen Verweis auf paradiesische Landschaften Arkadiens, sondern um die ästhetische Aufwertung einer verhunzten Dorfarchitektur. Die Künstler Agnès und Olivier Costa, die sich zusammen Mad'art nennen, haben das Bild im Juli 2005 konzipiert und ausgeführt. Mad'art ist darauf spezialisiert, mit ihrer Trompe-l'œil-Kunst Fassaden durch klassische Motive des Midi optisch aufzuwerten. Aus zuvor besonders unansehnlichen Stellen wird durch ihre optischen Täuschungen ein Kunstort. Eine geniale Idee, noch dazu großartig umgesetzt. Ähnliche Murals, also großflächige Fassadenbemalungen mit Bildmotiven aus dem Midi, haben die beiden Künstler auch in Agde und Montpellier erschaffen.

Adresse 5, Rue Gigiry, 34310 Capestang, www.trompe-l-oeil.info | Anfahrt D 11 | Tipp Die Kirche Saint-Etienne wurde wegen der Pestepidemie nie fertiggestellt. Zwei Joche, Chor und Turm sind alles, sonst wäre der Bau noch weit monumentaler ausgefallen. Im Palast der Erzbischöfe beeindrucken die bunten Deckenbilder aus der ersten Hälfte des 15. Jahrhunderts.

101 Der Wasserfall

Die Kaskade von Cubserviès

Über Conques-sur-Orbiel und Lastours führt die D 101 von Carcassonne aus immer bergan in die Montagne Noire. Das sind gerade mal 28 Kilometer, aber eine Reise in eine andere Welt: hier die beeindruckende mittelalterliche Kulisse im sonnendurchfluteten Süden, dort die steilen Sträßchen hinauf in die Eichen- und Kiefernwälder der Berge, die nicht umsonst die schwarzen genannt werden. Selbst wer sträflicherweise keine Pause in den oben genannten Orten einlegt, sollte mit dem Auto eine und mit dem E-Bike zwei Stunden Fahrzeit kalkulieren.

Nach rund 20 Kilometern biegt man rechts auf die D 9 nach Roquefère ab. Nachdem man den Ausblick auf das bewohnte Schloss – gefühlt doppelt so groß wie der Ort selbst – genossen hat, folgt man der immer schmaler werdenden Straße bis zum Weiler Cubserviès: acht Häuser aus Naturstein, dunkelgrauer Granit, dazu am Straßenrand ein *lavoir*, ein Waschhaus, ebenfalls aus Granit gemauert. Ein kleines Plätzchen, auf dem ein Schild zu einer Aussichtsplattform weist. Außerdem ein leises, aber allgegenwärtiges Rauschen.

Auf der Plattform wird klar, woher das Geräusch stammt: Es ist die Kaskade von Cubserviès, »La Dame blanche«. Mehrere Bäche haben sich auf dem Plateau du Sambrès, wie diese Gegend genau heißt, zum Fluss Le Rieutort vereinigt, und der fällt hier in zwei Etappen 90 Meter tief den Berg hinab in ein enges Tal. Entstanden ist der Wasserfall durch das Zusammentreffen von Gneis und Schiefer. Die Erosion hat den Schiefer ausgewaschen, der harte Gneis blieb erhalten, und so formte sich der Fall. 90 Meter, das entspricht einem Hochhaus mit 30 Stockwerken. Natürlich ist das nicht das vergessene europäische Pendant zu den Niagarafällen, aber immerhin ist die Kaskade fast doppelt so hoch. Man kann sie nur von dieser Plattform aus bewundern. Sowohl das Hinunterklettern als auch Baden ist aus Sicherheits- und Artenschutzgründen verboten.

Adresse Wasserfall Cubserviès: 11380 Roquefère | **Anfahrt** D 101, dann Beschilderung folgen | **Öffnungszeiten** jederzeit zugänglich | **Tipp** Folgt man der Straße weiter, stößt man kurz vor der Kreuzung mit der D 1009 auf die romanische Kapelle Saint-Sermin, einen trutzigen Trockensteinbau aus dem 9. Jahrhundert. Kurz vor Roquefère beginnt ein 16 Kilometer langer Rundwanderweg, der in fünf bis sechs Stunden durch die eindrucksvolle Landschaft führt.

102 Das Wasserkreuz

Die Trogbrücke von Béziers

175 Jahre lang war der Canal du Midi vor der alten Stadt Béziers für gut 800 Meter »unterbrochen« und nutzte das Bett des Orb. Zwar hatte schon Festungsbaumeister Vauban (1633–1707) vorgeschlagen, den Fluss hier zu überbrücken, das Projekt aber als zu ehrgeizig und zu teuer wieder verworfen. Als Mitte des 19. Jahrhunderts der Garonne-Seitenkanal endlich fertig war und damit der Stich vom Atlantik bis ins Mittelmeer möglich, da war die schwierige Schiffbarkeit des Orb nicht länger hinnehmbar, und das, obwohl die Eisenbahn das Gros des Lastverkehrs bereits vom Kanal abgezogen hatte.

Nach Plänen des Kanaldirektors Urbain Maguès wurde in den Jahren 1854–1858 eine große Trogbrücke errichtet, zu der ab der Schleusentreppe Fonserannes ein neuer Stichkanal gegraben wurde. Die Brücke ist technisch und optisch ein toller Bau. In rund zwölf Metern Höhe überspannen sieben Bögen das Flussbett. Sie tragen die Kanalrinne rund 145 Meter im rechten Winkel über den Orb hinweg. Zur Brücke zählen die acht Meter breite und zwei Meter tiefe Rinne selbst, die drei Meter breiten Treidelpfade auf beiden Seiten sowie die Widerlager, mit denen an beiden Ufern der Kanal verengt und auf die Flussquerung geführt wird. Die gesamte Konstruktion misst, selbst ohne die zugehörige Schleuse auf der Béziers-Seite, 200 Meter, damals eine technische Meisterleistung.

Dazu ist die Brücke auch noch besonders schön, vor allem von der Seite. Unterhalb der Treidelpfade liegen, direkt neben der schiffbaren Fahrrinne, begehbare Laubengänge mit je elf zum Fluss hin offenen Arkaden auf den sieben Bögen. Das erinnert an einen Aquädukt, ist aber vor allem statisch bedeutsam. Die »hohlen« Laubengänge sparen viel Gewicht und verteilen den Druck. Der kürzeste und schönste Weg führt – nur zu Fuß oder per Rad – von der Bahnhofsrückseite zum Port Neuf und dort direkt auf den Quai du Commandant Jacques-Yves Cousteau.

Adresse Pont Canal de l'Orb: 5, Quai du Commandant Jacques-Yves Cousteau, 34500 Béziers | ÖPNV Bus E, R2, Station Pont d'Occitanie | Anfahrt D9 | Tipp Die wohl schönste Aussicht auf Béziers bietet sich von der Promenade de Max, über den Orb hinweg mit der Pont Vieux im Vordergrund in Richtung Kathedrale. Man folgt einfach weiter dem Quai Cousteau, unter dem Aquädukt und zwei modernen Straßenbrücken hindurch bis zur Pont Vieux und überquert auf dieser den Fluss.

103 Die Wasserskipiste

Wer gerne mal ins Wasser möchte

Am Canal du Midi ist man zwar ständig auf dem Wasser, aber nicht drin, es sei denn, man geht über Bord. Baden ist im Kanal verboten und auch nicht sonderlich ratsam. Zu viele Boote leeren ihre Toiletten direkt ins Wasser. Dazu kommen Nitrate aus der Landwirtschaft, wodurch ein Mix entsteht, der zwar Fischen, Enten und Bisamratten gefallen mag, Menschen aber nicht zuträglich ist. Leidenschaftliche Schwimmer müssen ihr Vergnügen anderswo suchen.

Abkühlung schaffen die kommunalen Badeanstalten an der Strecke oder Badeseen wie der Lac de Jouarres bei Homps und die Wasserskipiste im Lac de Buzerens bei Bram. Vom Kanal aus sind es meist nur wenige Meter. So auch in Bram.

Wasserski ermöglicht nicht nur Anfängern reichlich Kontakt mit dem kühlen Nass. Und es macht richtig Spaß. Seit 2015 unterhält Jason Boilleau mit seinem Team in einer ehemaligen Sandgrube eine Anlage, die alles rund um den Sport bietet, für absolute Laien bis zu Wettkampfsportlern. Der große Skilift zieht bis zu sieben Personen gleichzeitig über den 600 Meter langen Rundkurs, für Einsteiger gibt es zudem eine kleinere Anlage. Die angebotenen Kurse decken dabei jedes Niveau ab. Man kann auch stundenweise aufs Wasser, ob nun kniend auf dem Kneeboard, auf dem Doppel- oder Monoski, auf dem Wakeboard mit Fußschlaufen oder dem Wakeskate ohne, ob mit eigenem Equipment oder hier ausgeliehenem, ob erstes Ziel ist, überhaupt auf den eigenen Beinen stehend die Runde(n) zu bewältigen, oder ob es um Tricks und Figuren über Sprungschanzen und Hindernisse geht, alles ist möglich, alles ist vorhanden. Selbst sogenannte Handiwakes mit aufgeschraubter Sitzschale für Behinderte sind auf Anfrage verfügbar. Ein Wasserspaß ab sieben Jahren. Und ganz sicher schneller als die auf dem Kanal erlaubte Höchstgeschwindigkeit von acht Stundenkilometern. Das Angebot komplettiert ein großes Sonnendeck mit Bar und Restauration.

Adresse Téléski Nautique: Lac de Buzerens, 5, Rue des Fleurs, 11150 Bram, Tel. +33 (0)4/68797414, www.teleskinautiquebram.net | Anfahrt D 33, ab Kreisel beschildert, oder von der D 4 rechts in die Rue des Fleurs abbiegen | Öffnungszeiten April–Okt. Mo, Mi 10–19 Uhr, Di, Do 10–20 Uhr, Fr–So 10–22 Uhr | Tipp Freunde von noch mehr Geschwindigkeit, Nervenkitzel und vor allem Lärm können rund fünf Kilometer östlich, direkt am Flughafen von Carcassonne, bei »Win Kart« ihr Können im motorisierten Gokart erproben.

104_Die Wasserstadt

Pamiers und seine Kanäle

Viele Städte des Südwestens, wie Pariser und allgemein Nordfranzosen den Westen Okzitaniens häufig nennen, werden heftig unterschätzt, in der Regel kennt man höchstens ihre Namen. Pamiers ist eine dieser oft übersehenen Perlen. Dabei hat die Stadt an der Ariège eine lange und spannende Geschichte und ist sehr schön.

Graf Roger II. von Foix hat 1111 Pamiers offiziell gegründet, was für ein Datum. Tatsächlich wird die Stadt aber bereits 961 erstmals urkundlich erwähnt, im Zusammenhang mit den Reliquien des heiligen Antonin, für deren Aufbewahrung ein Kloster gebaut wurde. Apropos Klöster: Pamiers blieb immer orthodox katholisch, im Gegensatz zum restlichen Midi. Deshalb fand hier 1207 das letzte Kolloquium vor dem Albigenserkreuzzug zwischen Vertretern des Papstes und den Katharern statt, deshalb ernannte Papst Bonifazius VIII. Pamiers 1295 zum Bistum. Fast alle Orden besaßen in Pamiers Klöster: Augustiner und Karmeliter, Minoriten, Johanniter und Jesuiten, Franziskaner – *Cordeliers* genannt – und Dominikaner, als *Jacobins* bekannt. Vergangenheit. 2008 schlossen als Letzte die Karmeliterinnen ihre Klostertore.

Direkt gegenüber der sehenswerten Abtei von Cailloup zweigt ein Altarm der Ariège ab, der in mehreren Kanälen um das alte Stadtzentrum herumgeführt wird, um sich bei der Promenade des Maquisards wieder zu vereinigen und hinter dem Stade Ballusou zurück in die Ariège zu fließen. Heute ist es eine Parkanlage mit alten Bäumen, kleinen Brücken und vielen Enten, im Sommer erfrischend. Die Kanäle wurden im 18. Jahrhundert angelegt, um Mühlen zu betreiben. Vor allem dienten sie den Färbereien und Gerbereien als Abwasserkanal. Ein etwa einstündiger Spaziergang rund um die Stadt führt an dem Stahlwerk »Aubert & Duval« vorbei, das Spezialstähle für die Luftfahrtindustrie produziert, aber auch an den beiden Terrassenrestaurants »Le Moulin« und »Les Bains Douches«.

Adresse Office de Tourisme: Boulevard Delcassé (direkt am Kanal), 09100 Pamiers, Tel. +33 (0)5/61675252, www.pap-tourisme.fr | **Anfahrt** D 11/D 624 | **Tipp** Man könnte Pamiers auch die »Stadt der achteckigen Türme« nennen. Im Inneren des Kanalrings finden Flaneure den Turm der Kathedrale Saint-Antonin, den Tour de la Monnaie, den Clocher des Cordeliers und etwas außerhalb den Tour des Augustins.

105 Das Weihwasserbecken

Die Legenden vom Frosch

Saint-Paul-Serge ist ein trutziger Sakralbau im Süden der Altstadt von Narbonne: gotische Mauern auf romanischen Fundamenten. Die Krypta beherbergt Sarkophage aus dem 3. Jahrhundert. Viele Legenden umranken die Basilika.

Schon der Namenspatron der Kirche ist unklar. Ist es Paulus-Sergius, römischer Prokonsul von Zypern, oder der heilige Paulus, einer der sieben Männer, die Papst Fabian im Jahr 240 auf Mission nach Gallien schickte? Dieser erste Bischof von Narbonne wurde so verehrt, dass einige Gläubige in der Nähe seines Grabes bestattet werden wollten. Die 1942 in der Krypta ausgegrabene Nekropole passt zu dieser Geschichte. Die Legenden vermischen beide Personen. Karl der Große, so eine andere Legende, habe den Bau der Kirche beauftragt. Aber bei seinem Feldzug gegen die Mauren im Jahr 778 hat er Narbonne nicht erobert. Bezeugt ist dagegen ein Wallfahrtsort, über dem ab 1180 die Kirche gebaut wurde. 1244 wurden angeblich die Gebeine des heiligen Paulus hierher überführt, was aber dem Alter der Sarkophage widerspricht.

Und dann ist da das Weihwasserbecken mit dem Frosch! Eine Legende besagt, der Frosch habe die Liturgie mitsingen wollen und dabei so laut gequakt, dass der heilige Paulus ihn zu Stein werden ließ. Eine andere erzählt, eine zum Tode verurteilte römische Christin, die ihrem Glauben nicht abschwören wollte, sei ins Wasser gegangen und habe sich dort in den Frosch verwandelt. Eine dritte will wissen, es sei der Frosch, der dem heiligen Paulus bei seiner Ankunft den Weg über den Étang gewiesen und ihn vor seinen Verfolgern gerettet habe. Eine andere Fama erklärt die rötliche Farbe des Beckens und den langsam verschwindenden rechten Fuß des Frosches: Ein junger Steinmetz habe den Fuß mit dem Meißel zerschlagen. Daraufhin sei das Weihwasser blutrot geworden, und lautes Wehklagen habe begonnen. Der Steinmetz sei über seinen Frevel dem Wahnsinn verfallen.

Adresse 21, Rue Arago, Eingang 1, Rue de l'Hôtel Dieu, 11100 Narbonne | **ÖPNV** Bus Linie A, B, C, D, E und La Citadine 2, Station Arogo-Pyrénées | **Anfahrt** D 607 | **Öffnungszeiten** Mo–Sa 10–12 und 14–18 Uhr, So Messe und Orgelkonzerte | **Tipp** Das »Maison des Trois Nourrices« (Haus der drei Ammen) mit dem grandiosen Renaissance-Fenster ist nur wenige Schritte die Straße runter. 400 Meter weiter, am Cours Mirabeau, steht die schöne Markthalle.

106 Die Wehrtürme

Saissac und seine Wahrzeichen

Keine 1.000 Einwohner, aber eine imposante Schlossruine und vier mächtige Wehrtürme als Teil der *Remparts*, der Verteidigungsanlage, dazu zwei Stadttore aus dem 16. Jahrhundert und zwei Stadtpaläste, einer gar aus dem 13. Jahrhundert: Das ist Saissac im Cabardès. Ein grandioser Anblick, der ausgesprochen wehrhaft anmutet.

In puncto Wehrhaftigkeit ist Saissac allerdings ein Scheinriese. Je näher man kommt, desto mehr verflüchtigt sich der Eindruck von militärischer Stärke. Was bleibt, ist die Schönheit der Türme Tour Grosse, Tour Carré und Tour Roussignole sowie des Uhrenturms Laymone.

Im Jahr 960 werden Burg und Ort Saissac erstmals urkundlich erwähnt, als Schenkung von Bischof Hugues de Toulouse. Berühmtester Burgherr war Bertrand de Saissac (circa 1149–1202), über den manches halbwegs verbürgt ist: Bertrand war so reich, dass er seinem Lehnsherrn, dem Fürsten von Carcassone, mehrfach große Summen lieh. Er war ein gebildeter Mann, Förderer und Beschützer der Troubadoure und wurde zum Vormund, Mentor und Lehrer von Raymond Roger Trencavel, Graf von Carcassonne, ernannt. Jener Trencavel, der mit 24 Jahren als Anführer der Katharer 1209 vom päpstlichen Kreuzritter Simon de Montfort getötet wurde und der manch einem als lebendes Vorbild des Parzival gilt. Ob Bertrand de Saissac selbst Katharer war, ist nicht belegt. Ziemlich sicher ist dagegen, dass er Burg und Ländereien gleich zu Beginn des Kreuzzugs gegen die Albigenser kampflos übergab. Die Türme schienen wohl schon damals mehr Wahrzeichen zu sein als tatsächlich wehrhaft. In den später folgenden Hugenottenkriegen vermochten sie jedenfalls die Stadt auch nicht wirksam zu schützen.

Es lohnt sich, Saissac genau zu erkunden. Nur so findet man alle Brunnen und Waschplätze oder die drei Wappen, die die Porte d'Autan zieren, nur so entdeckt man die schönsten Blicke auf Ort und Burg.

Adresse Avenue Maurice Sarraut, 11310 Saissac, www.saissac.fr | Anfahrt D 629 | Tipp Seit 1994 ist die Burg im Besitz der Kommune Saissac, die versucht, sie peu à peu wieder instand zu setzen. Im Burgmuseum gibt es einen echten Schatz zu entdecken: 1979 wurden bei Renovierungsarbeiten 2.000 *Deniers*, Silbermünzen aus dem 13. Jahrhundert, gefunden.

107 Die Weinrevolte

Der Aufstand, Jean Jaurès und die Cooperative

Wein wurde im Midi schon zur Römerzeit gekeltert, allerdings nur zum lokalen Verbrauch. Kanal und Eisenbahn änderten das. Wein wurde nun gen Norden exportiert, die Anbauflächen verzigfacht. Und doch: Wer um 1900 »Le Midi rouge« sagte, meinte nicht roten Wein, sondern eine politische Haltung. Obwohl beides miteinander zu tun hatte. Die große Nachfrage führte zu enormer Überproduktion bei gleichzeitigen Hungerlöhnen für die Landarbeiter. Dann folgten komplette Ernteverluste durch Mehltau, Reblaus, Dürre und wieder die Reblaus. In dieser Zeit pachteten erste Landarbeiter scheinbar wertlose Parzellen von ihren Großgrundbesitzern. Am 23. Dezember 1901 schlossen sich 128 »Freie Weinbauern« unter dem Dumas-Motto »Einer für alle, alle für einen« zur ersten Weinkooperative Frankreichs zusammen. Vier Jahre später bauten sie in Maraussan ihre »Cave Coopérative«. Die Halle ist nicht mehr in Betrieb, aber gleichwohl ein Schmuckstück.

Der Arbeiterführer Jean Jaurès weihte sie am 1. Mai 1905 ein und berichtete darüber in der Zeitung »L'Humanité«. Egal, wie stolz die Genossen waren: Nichts half gegen den Preisverfall beim Wein. Im Norden wurde eine Pansche aus Sirup, Roter Bete und Most als Wein verkauft. Deshalb sank im Süden der Preis pro Hektoliter von 80 Francs auf 50 Centimes! Ab 1906 kam es zu Streiks und Demonstrationen. Am 9. Juni 1907 zogen 600.000 Landarbeiter und Weinbauern aus dem Midi durch Montpellier. Sie forderten das Verbot der Plörre und eine staatliche Kontrolle der Weinherstellung. Ihre Parole: »Nieder mit den Betrügern, es lebe der Wein!« Es kam zu Straßenschlachten. Staatspräsident Clemenceau wollte das Militär gegen die »Gueux du Midi«, die Bettler des Südens, einsetzen, fürchtete aber den Einfluss von Jaurès. Schließlich lenkte Clemenceau ein. Das Parlament verbot Kunst- und Zuckerweine. Die Grundlage für die AOC-Kennzeichnung französischer Weine war gelegt.

Adresse 235, Avenue Jean Jaurès, 34370 Maraussan, Tel. +33 (0)4/67909080, www.vignerons-enserune.fr | **Anfahrt** D 14 | **Öffnungszeiten** nur nach Vereinbarung | **Tipp** Das Château de Perdiguier ist ein großes Weingut, das täglich außer sonntags besichtigt werden kann. Das Schloss selbst ist schön, die Wandmalereien im Süd-West-Turm einfach atemberaubend. Für die 90-minütige Führung muss man sich telefonisch anmelden (+ 33 (0)4/67903744).

108 Die Wellness-Oase

Kurbad mit Fachwerkidylle

Es war einmal … Eigentlich könnte jede Erzählung über Alet-les-Bains mit diesen Worten beginnen. Und das aus mehreren Gründen. Zum Glück hat keine Veränderung dem fast märchenhaften Charme des Örtchens Abbruch getan.

Die Thermalquelle am Ortsrand kannten schon die Römer. Als »Spa« offiziell anerkannt wurde sie im 19. Jahrhundert. Damals, als Alet-les-Bains mit fast 1.400 Einwohnern dreimal größer war als heute. Die Quelle ist eine der ältesten und ergiebigsten in ganz Frankreich, rund 400 Hektoliter sprudeln stündlich aus dem öffentlichen, jedermann zugänglichen Hahn ins große Steinbecken. 24 Grad warm, reich an Bikarbonat, Kalzium, Magnesium und Kalium, wurden schon 1886 heilende Wirkungen des Wassers bei Darm- und Herzbeschwerden wie auch bei Fettleibigkeit wissenschaftlich bestätigt. Man darf sich frei bedienen. Eine Fabrik, die das Wasser auf Flaschen zog, ging 2011 pleite. Da kein Folgeprojekt funktionierte, läuft es seitdem im Wesentlichen ungenutzt in die Aude. Lediglich die Badeanstalt direkt nebenan wird vom warmen Quellwasser gespeist, während das klassizistische Thermalbad, ein paar Meter die Straße hinunter, noch auf seine Wiederbelebung wartet.

Im schönen, von alten Stadttoren bewachten Fachwerkdorf laufen sechs Gassen sternförmig auf die hübsche Place de la République zu: Dort sind ein Brunnen, die alte Mairie und ein der Familie des Nostradamus zugeschriebenes Haus sehenswert. Und dann sind da noch die Abteiruine und die Kirche Saint-André mit Park zur Aude. Alet war von 1318 bis 1789 Bischofssitz. Berühmt ist eine ältere Geschichte: 1197 wählte das hiesige Kapitel Bernard de Saint-Ferréol zum neuen Abt, was dem Lehensherrn Bertrand de Saissac nicht passte. Er ließ den verstorbenen Abt Pons Amiel exhumieren, auf seinem Stuhl festbinden und unter Vorsitz der Leiche einen anderen Abt wählen, der ihm und den Katharern genehm war. Es war einmal …

Adresse Allée des Thermes, 11580 Alet-les-Bains | ÖPNV TER Carcassonne–Quillan, Station Alet-les-Bains | Anfahrt D 118 | Öffnungszeiten jederzeit zugänglich | Tipp Am südlichen Ortsausgang Richtung Quillan steht direkt an der D 118 ein kleines Spielcasino mit Roulette, Blackjack und Geldspielautomaten. Beliebt ist es vor allem wegen seines ausgesprochen günstigen Mittagstischs.

109 Der Wermut

Weltweit ein Begriff: Noilly Prat aus Marseillan

»Geschüttelt, nicht gerührt.« Wer den original Bond-Martini probieren will, muss nach Marseillan, direkt in den Hafen und dort ins Haus Noilly Prat. Deren Wermut ist nicht nur unverzichtbarer Bestandteil großer Küche – vor allem, was Saucen angeht –, sondern eben auch des Bond-Drinks.

Obwohl ursprünglich ein deutsches Wort, ist Wermut in Deutschland nicht eben verbreitet. Begriffe wie Wermutbruder und Wermutstropfen verweisen darauf, dass dies mal anders gewesen sein muss. Im Kern ist Wermut ein mit Kräutern und Gewürzen aromatisierter Wein, der mit Most, Zucker und Alkohol gemischt, also weder vergoren noch destilliert wird, um einen Alkoholgehalt zwischen 14,5 und 21,9 Prozent aufzuweisen. Die Geschmacksübertragung der Gewürze erfolgt durch Mazeration. Zwingender Bestandteil ist das bittere Wermutkraut, das schon die Ägypter als Droge wie als Heilmittel kannten. 1786 mischte Antonio Benedetto Carpano in Turin ein kommerziell sehr erfolgreiches Getränk, das seitdem als erster, eher süßer Wermut gilt. Joseph Noilly produzierte 1813 seinen ersten »Extra Dry«, natürlich mit Wermut, dazu Kamille und Koriander, Muskat und Bitterorange plus 20 weitere Kräuter, deren exakte Dosierung und Zusammensetzung bis heute gut gehütetes Firmengeheimnis sind. 1843 gründete sein Sohn Louis Noilly die erste Firma in Marseillan, die er ab 1855 mit dem späteren Schwiegersohn Claudius Prat am heutigen Ort führte. Der Rest ist eine Erfolgsgeschichte dank der nachfolgenden Chefinnen des Unternehmens, weltberühmt durch einen Drink und einen Slogan: »Shaken, not stirred.«

Auch wenn Noilly Prat heute zum Bacardi-Konzern gehört – produziert werden alle vier Sorten, »Original Dry«, »Extra Dry« und die beiden süßeren »Rouge« und »Ambré«, ausschließlich im Stammhaus in Marseillan. Bar und Restaurant im Innenhof kann man auch ohne Führung besuchen, wenn man die denn versäumen will.

Adresse 1, Rue Noilly, 34340 Marseillan, Tel. +33 (0)4/67772015, www.noillyprat.com | ÖPNV Bus 650 (Béziers – Vias – Agde – Marseillan) ganzjährig außer So (!), Bus 9 und 915 nur in der Saison, Station Gare Routière | Anfahrt D 51 | Öffnungszeiten Mai – Sept. täglich 10 – 12 und 14.30 – 19 Uhr, März, April und Okt. – Dez. nur bis 17.30 Uhr, Jan., Feb. Besichtigung nach Vereinbarung möglich | Tipp Im Sommer werden immer donnerstags zwischen den riesigen Fässern die Bond-Filme gezeigt. Auf dem Boulevard Lamartine 26 betreibt Xavier Chobot den Laden »Les Années Yéyé«, der auf Jukeboxen aus den 1950er und 1960er Jahren spezialisiert ist.

110 Die Winzergemeinschaft

Die Sieur d'Arques und ihr weißes Gold

Das älteste existierende Champagner-Haus, »Nicolas Ruinart«, wurde 1728 gegründet, unmittelbar nachdem der Transport von Wein in Flaschen nach Paris erlaubt wurde. Im Midi kelterte man zu diesem Zeitpunkt allerdings bereits seit knapp 200 Jahren Schaumwein, anders als in der Champagne auch durchaus absichtlich. Im Kloster Saint-Hilaire ist die erste »Blanquette de Limoux« für das Jahr 1531 schriftlich belegt: Lieferpapiere weisen prickelnden Wein für den Herrn der Region aus. Dieser Sieur d'Arques genoss den Schaumwein offenbar in großen Mengen.

Heute trägt die Genossenschaft der Schaumwein-Produzenten von Limoux seinen Namen, eines ihrer Produkte heißt »Die erste Blase – 1531«. Man kann den Stolz hören. Die AOC »Blanquette de Limoux« wurde 1938 als erste im Süden geschützt und gehört so frankreichweit zu den frühen Herkunftsbezeichnungen. Acht Jahre später gründeten die Winzer dann ihre Genossenschaft. Aber erst als 1990 höchstrichterlich entschieden wurde, dass der Begriff »Méthode champenoise« ausschließlich den Produzenten der Champagne vorbehalten ist, benannte sich die hiesige »Société des Producteurs« um in »Sieur d'Arques«. Gleichzeitig begannen sie, neben der klassischen Blanquette auch Crémant zu produzieren, sowohl nach der »Méthode traditionelle« (wie Champagner) als auch nach der »Méthode ancestrale«, bei der zu keinem Zeitpunkt die Flasche geöffnet wird, um in den Gärungsprozess einzugreifen. Der Schaumwein letzterer Kategorie wird auch ohne spätere Degorgation und Dosage getrunken.

205 Winzer sind heute Mitglied der Genossenschaft, sie bewirtschaften unter strengen Bedingungen 1.800 Hektar. 120 Mitarbeiter produzieren dann circa 7,5 Millionen Flaschen des weißen Goldes pro Jahr. Das Stammhaus steht Besuchern und Käufern offen. Neben Degustation und Kellerbesichtigung bietet es ein Museum zur Geschichte des Schaumweinanbaus in Limoux.

Adresse Avenue du Mauzac, 11300 Limoux, Tel. +33 (0)4/68746345, www.sieurdarques.com | **Anfahrt** D 118 | **Öffnungszeiten** Mo–Sa 9.30–12.30 und 14–18.30 Uhr | **Tipp** »Toques et Clochers« (Kochmützen und Kirchtürme) heißt es am Wochenende des Palmsonntag in Limoux: 100 Weinfässer werden von einem Dreisternekoch versteigert, um mit dem Erlös die Kirchen der Region zu renovieren. Alljährlich im Oktober kommen Freunde der Popmusik beim Festival »Bulles sonores« (Schallblasen) auf ihre Kosten.

111 Der Zug

Von Axat bis Rivesaltes

Mitten durchs Katharerland, vorbei an imposanten Burgen mit den Gipfeln der Pyrenäen im Hintergrund, über hohe Viadukte und durch enge Schluchten oder ausgedehnte Weinberge bis ans Mittelmeer, führt die Strecke des »Train Rouge«, des Roten Zugs. Man muss kein Eisenbahnromantiker sein, um die Fahrt zu genießen, die spektakulären Aussichten sind für jeden ein Erlebnis. Es gibt spezielle Thementouren von Krimi bis 1920er Jahre oder auch zu Halloween und Weihnachten. Zum Service gehört, dass sämtliche Waggons wie auch die Bahnhöfe behindertengerecht ausgestattet sind. Davon profitieren auch Ältere oder Familien mit Kinderwagen. Es gibt Sonderfahrten für Blinde oder Gehörlose, und selbstverständlich werden Räder mitgenommen.

Bei schlechtem Wetter und im Winter verkehren die wunderschönen roten Triebwagen, im Sommer ist es einfach großartig, das Panorama in den halb oder auch ganz offenen Waggons zu bestaunen. Ein besonderer Spaß sind dann die Passage der Tunnel oder der Halt mitten auf einem der Viadukte. Wobei: Schneller als mit 30 Stundenkilometern zuckelt der »Train Rouge« eh nirgends. Für die 60 Kilometer und acht Stationen benötigt der Zug gut zwei Stunden. Auf halber Strecke in Saint-Paul-de-Fenouillet steht in jedem Fall ein Zugwechsel an. Manche schwärmen vom Weg hinunter zum Meer, andere bevorzugen die Tour bergauf. Wer genügend Zeit mitbringt, der nimmt nur Teilstrecken in Angriff und nutzt die Bahn als Zubringer und Einstimmung auf die Sehenswürdigkeiten der Umgebung. Auch in Frankreich sind die Bergdörfer der Fenouillèdes ein weitgehend unbekannter Geheimtipp. Und selbst das Prähistorische Museum von Tautavel, Wiege des Menschen in Europa, ist selten überlaufen.

Aber die »alte rote Dame« allein ist allemal Grund genug für einen Tagestrip. Wer mag, verbindet ihn mit einem Besuch der Burgen von Puilaurens oder Queribus oder einer Weinprobe in Maury.

Adresse Gare d’Axat (Abfahrt des Zugs): 3bis, Place de la Gare, 11140 Axat, Tel. +33 (0)4/68599902 und +33 (0)4/68200400, www.letrainrouge.fr | **ÖPNV** TER Carcassonne–Quillan | **Anfahrt** D 118 | **Öffnungszeiten** in der Saison verkehrt der Zug täglich | **Tipp** Die kleine Ortschaft Espéraza wartet mit einem Doppelmuseum auf: im selben Haus – zwischen Bahnhof und der D 12 gelegen – ein besonders für Kinder großartiges Dinosaurier-Museum und dazu eines, das der hiesigen Hutmachertradition gewidmet ist.

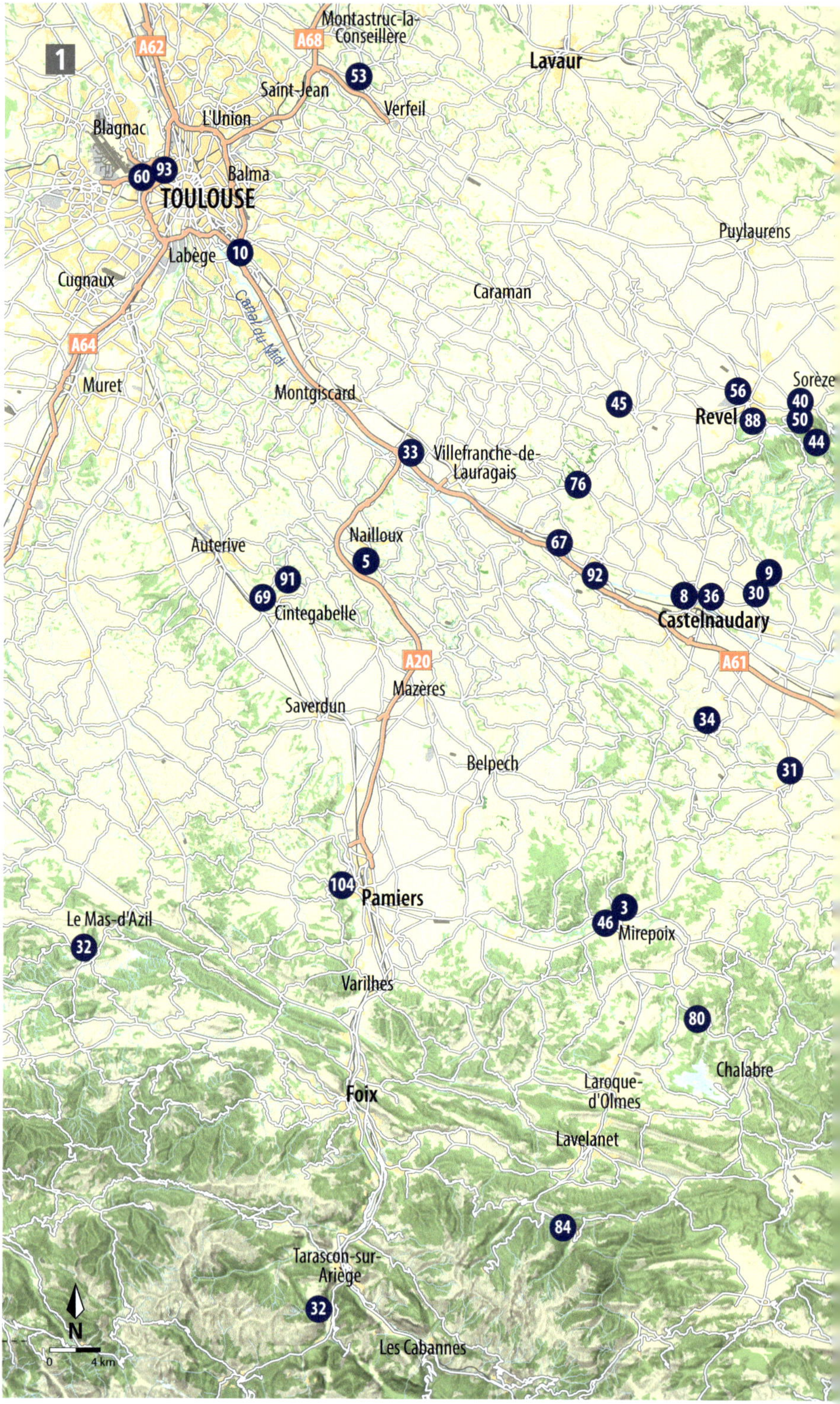
1
A62
A68
Montastruc-la-Conseillère
53
Lavaur
Saint-Jean
Verfeil
L'Union
Blagnac
60
93
Balma
TOULOUSE
Puylaurens
Labège
10
Cugnaux
Caraman
Canal du Midi
A64
Sorèze
Muret
Montgiscard
56
45
40
Revel
88
50
44
33
Villefranche-de-Lauragais
76
Nailloux
67
Auterive
5
91
92
9
69
8
36
30
Cintegabelle
Castelnaudary
A20
A61
Mazères
Saverdun
34
Belpech
31
104
Pamiers
3
46
Le Mas-d'Azil
Mirepoix
32
Varilhes
80
Chalabre
Foix
Laroque-d'Olmes
Lavelanet
84
Tarascon-sur-Ariège
32
N
Les Cabannes
0
4 km

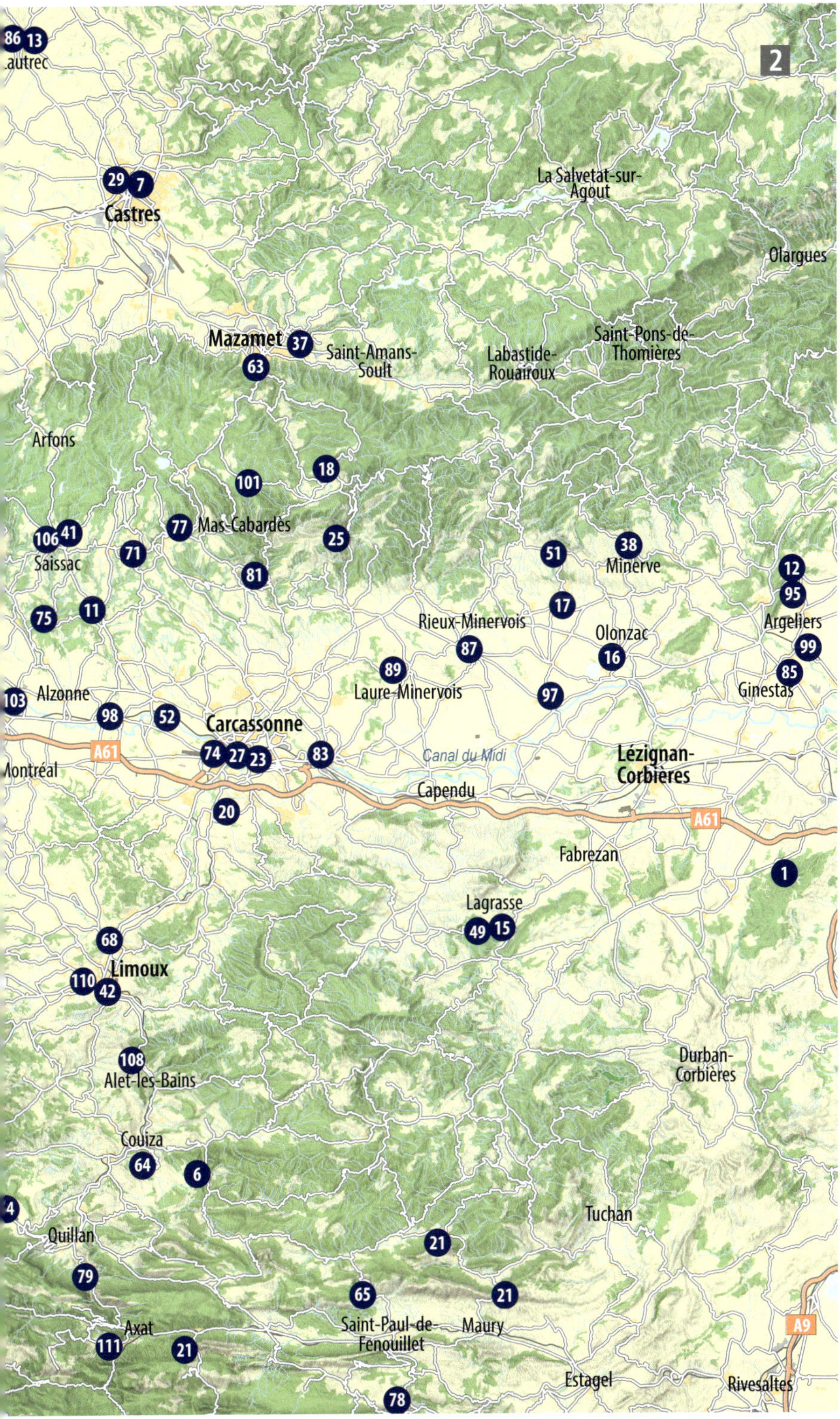
2
86 13
Lautrec
29 7
Castres
La Salvetat-sur-Agout
Olargues
Mazamet 37
63
Saint-Amans-Soult
Labastide-Rouairoux
Saint-Pons-de-Thomières
Arfons
18
101
77 Mas-Cabardès
25
106 41
Saissac
71
81
51
38
Minerve
12
95
Argeliers
75
11
17
Rieux-Minervois
87
Olonzac
16
99
85
Ginestas
89
Laure-Minervois
97
103
Alzonne
98
52
Carcassonne
A61
Montréal
74 27 23
83
Canal du Midi
Capendu
Lézignan-Corbières
A61
20
Fabrezan
1
Lagrasse
49 15
68
Limoux
110 42
108
Alet-les-Bains
Durban-Corbières
Couiza
64
6
4
Quillan
Tuchan
21
79
65
21
Saint-Paul-de-Fenouillet
Maury
A9
Axat
111
21
Estagel
Rivesaltes
78

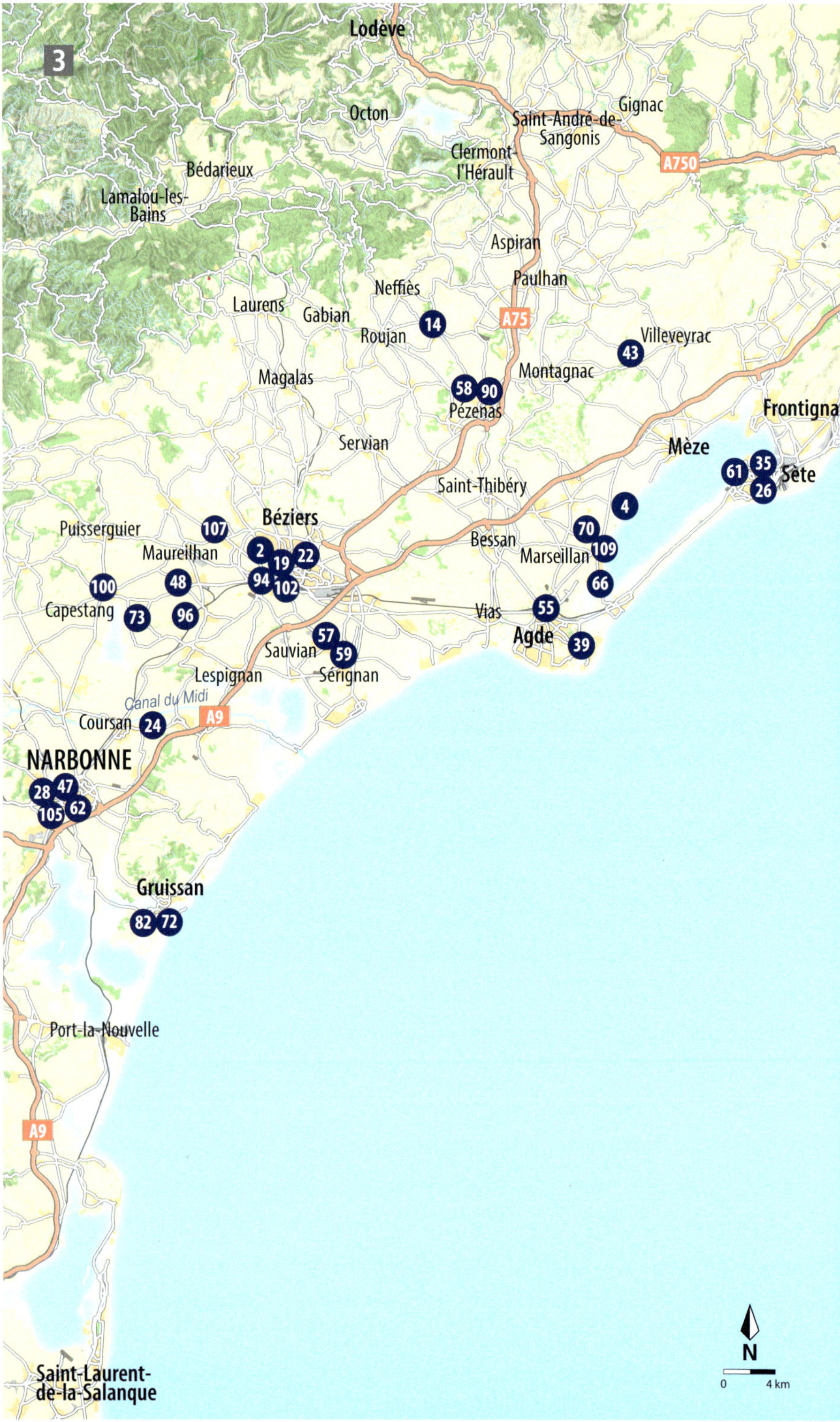
3
Lodève
Octon
Gignac
Saint-André-de-Sangonis
Clermont-l'Hérault
A750
Bédarieux
Lamalou-les-Bains
Aspiran
Paulhan
Neffiès
Laurens
Gabian
Roujan
14
A75
Villeveyrac
43
Montagnac
Magalas
58
90
Pézenas
Frontigna
Servian
Mèze
61
35
26
Sète
Saint-Thibéry
4
Béziers
Puisserguier
107
70
Bessan
2
19
22
Maureilhan
Marseillan
109
100
48
94
102
66
Capestang
73
96
Vias
55
Agde
39
57
Sauvian
59
Lespignan
Sérignan
Canal du Midi
Coursan
24
A9
NARBONNE
28
47
105
62
Gruissan
82
72
Port-la-Nouvelle
A9
Saint-Laurent-de-la-Salanque
N
0
4 km

Kay Walter, Rüdiger Liedtke
111 Orte in Brüssel, die man gesehen haben muss
ISBN 978-3-7408-0128-1

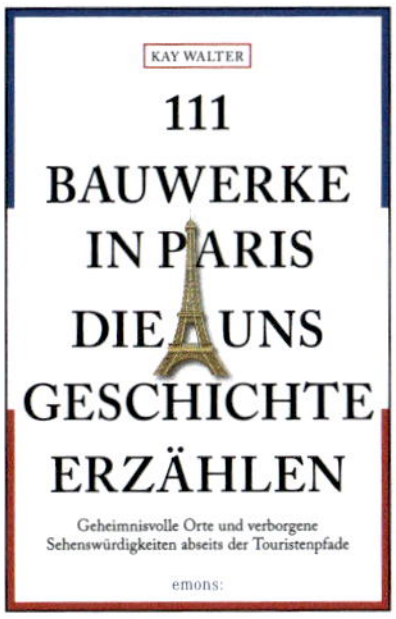

Kay Walter
111 Bauwerke in Paris, die uns Geschichte erzählen
ISBN 978-3-7408-0691-0

Sybil Canac, Renée Grimaud, Katia Thomas
111 Orte in Paris, die man gesehen haben muss
ISBN 978-3-95451-847-0

Hilke Maunder
111 Orte in Toulouse, die man gesehen haben muss
ISBN 978-3-7408-1091-7

Martin Roos, Jean-Claude Bourgueil, Tom Jasny
111 Orte in der Champagne, die man gesehen haben muss
ISBN 978-3-7408-1084-9

Jo Berlien, Sabina Paries
111 Orte in Straßburg, die man gesehen haben muss
ISBN 978-3-7408-0576-0

Marcus X. Schmid, Monika Steineberg
111 Orte in der Bretagne, die man gesehen haben muss
ISBN 978-3-7408-0572-2

Evelyn Pschak von Rebay
111 Orte in den (französischen) Pyrenäen, die man gesehen haben muss
ISBN 978-3-7408-0562-3

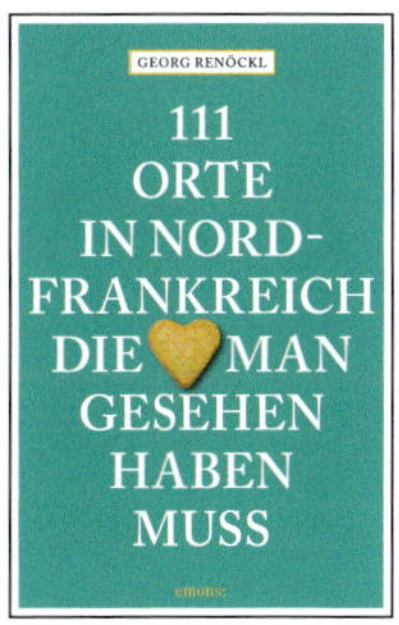

Georg Renöckl
111 Orte in Nordfrankreich, die man gesehen haben muss
ISBN 978-3-7408-0559-3

Ralf Nestmeyer
111 Orte in der Normandie, die man gesehen haben muss
ISBN 978-3-95451-839-5

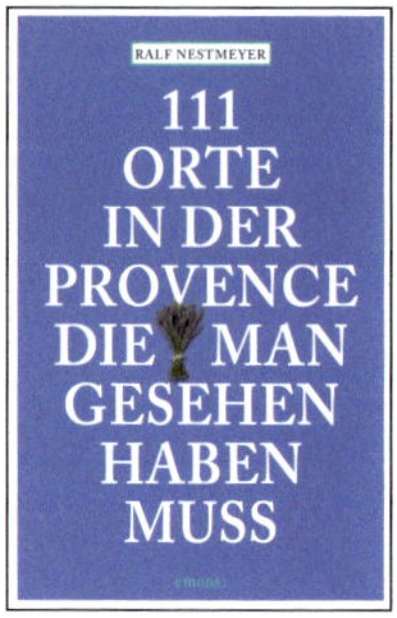

Ralf Nestmeyer
111 Orte in der Provence, die man gesehen haben muss
ISBN 978-3-95451-094-8

Ralf Nestmeyer
111 Orte an der Côte d'Azur, die man gesehen haben muss
ISBN 978-3-95451-563-9

Barbara Krull
111 Orte im Elsass, die man gesehen haben muss
ISBN 978-3-95451-596-7

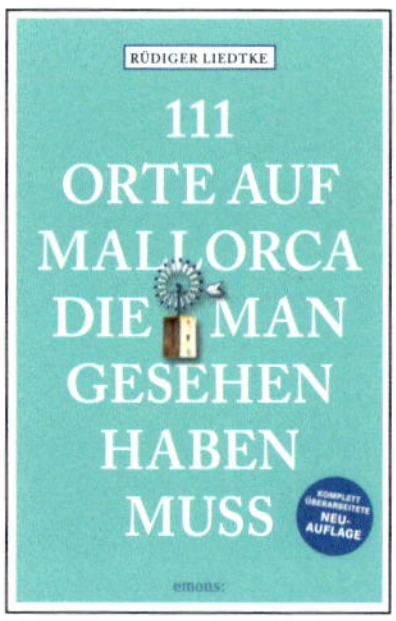

Rüdiger Liedtke
111 Orte auf Mallorca, die man gesehen haben muss
ISBN 978-3-7408-0871-6

Carl Lang
111 Orte auf Lanzarote, die man gesehen haben muss
ISBN 978-3-7408-0836-5

Carl Lang
111 Orte auf Fuerteventura, die man gesehen haben muss
ISBN 978-3-7408-0132-8

Sibylle von Kapff,
Gerhard von Kapff
111 Orte auf Teneriffa, die man gesehen haben muss
ISBN 978-3-95451-916-3

Rolando Suárez
111 Orte auf El Hierro, die man gesehen haben muss
ISBN 978-3-7408-0846-4

Kirsten Lux, Lisa Graf-Riemann
111 Orte auf La Palma, die man gesehen haben muss
ISBN 978-3-7408-0345-2

Dorothee Fleischmann, Carolina Kalvelage
111 Orte an der Costa Brava, die man gesehen haben muss
ISBN 978-3-95451-561-5

Dirk Engelhardt
111 Orte in Barcelona, die man gesehen haben muss
ISBN 978-3-95451-066-5

Thomas Tribus
111 Orte in Meran, die man gesehen haben muss
ISBN 978-3-7408-0443-5

Max Fleschhut
111 Orte auf Elba, die man gesehen haben muss
ISBN 978-3-7408-0587-6

Franz Hlavac, Gisela Hopfmüller
111 Orte in Friaul und Julisch Venetien, die man gesehen haben muss
ISBN 978-3-7408-0575-3

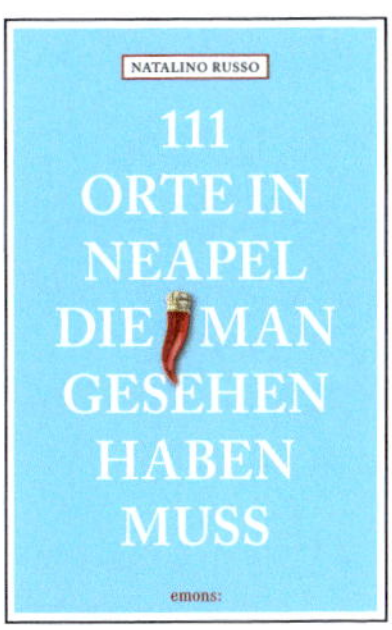

Natalino Russo
111 Orte in Neapel, die man gesehen haben muss
ISBN 978-3-7408-0478-7

Maurizio Francesconi, Alessandro Martini
111 Orte in Langhe, Roero und Monferrato, die man gesehen
ISBN 978-3-7408-0474-9

Fabrizio Ardito
111 Orte in Umbrien, die man gesehen haben muss
ISBN 978-3-7408-0238-7

Gerd Wolfgang Sievers
111 Orte in Istrien, die man gesehen haben muss
ISBN 978-3-95451-858-6

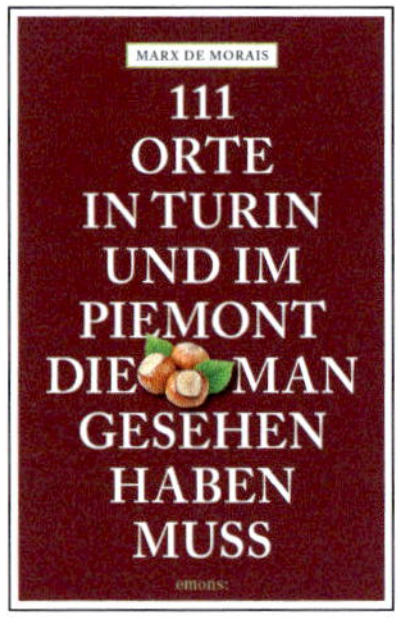

Marx de Morais
111 Orte in Turin und im Piemont, die man gesehen haben muss
ISBN 978-3-95451-736-7

Beate C. Kirchner
111 Orte in Florenz und im Norden der Toskana, die man gesehen haben muss
ISBN 978-3-95451-513-4

Petra Sophia Zimmermann
111 Orte am Gardasee und in Verona, die man gesehen haben muss
ISBN 978-3-95451-344-4

Sabine Gruber, Peter Eickhoff
111 Orte in Südtirol, die man gesehen haben muss
ISBN 978-3-95451-318-5

Annett Klingner
111 Orte in Rom, die man gesehen haben muss
ISBN 978-3-95451-219-5

Catrin George Ponciano
111 Orte an der Algarve, die man gesehen haben muss
ISBN 978-3-7408-0362-9

Kathleen Becker
111 Orte in Lissabon, die man gesehen haben muss
ISBN 978-3-7408-0244-8

Alexia Amvrazi, Diana Farr Louis, Diane Shugart, Yannis Varouhakis
111 Orte in Athen, die man gesehen haben muss
ISBN 978-3-7408-0560-9

Cornelia Lohs
111 Orte in Bern, die man gesehen haben muss
ISBN 978-3-95451-669-8

Oliver Schröter, Falk Saalbach
111 Orte in Zürich, die man gesehen haben muss
ISBN 978-3-95451-538-7

Karl Haimel, Peter Eickhoff
111 Orte in Wien, die man gesehen haben muss
ISBN 978-3-7408-0746-7

Matěj Černý, Marie Peřinová
111 Orte in Prag, die man gesehen haben muss
ISBN 978-3-95451-927-9

Jan Gralle, Vibe Skytte, Kurt Rodahl Hoppe
111 Orte in Kopenhagen, die man gesehen haben muss
ISBN 978-3-7408-0243-1

John Sykes, Birgit Weber
111 Orte in London, die man gesehen haben muss
ISBN 978-3-7408-0970-6

Lust auf mehr? Laden Sie sich die »LChoice«-App runter, scannen Sie den QR-Code und bestellen Sie weitere Bücher direkt in Ihrer Buchhandlung.

LChoice

Hier bestellen

Kay Walter ist politischer Journalist, Filmemacher und Medientrainer. Er hat viele Jahre über deutsche und internationale Politik aus Bonn, Berlin und Brüssel berichtet. Über Brüssel hat er gemeinsam mit Rüdiger Liedtke ein Buch in der Erfolgsreihe »111 Orte« geschrieben. Aus Paris hat er 111 Bauwerke vorgestellt, die Geschichte erzählen. Er lebt und arbeitet in Paris.